# 地铁暗挖区间多工作面快速施工组织与管理实践

任英伟　魏成照　李　川　王海亮　编著

中国铁道出版社有限公司

2020年·北　京

**图书在版编目(CIP)数据**

地铁暗挖区间多工作面快速施工组织与管理实践 / 任英伟等编著. —北京:中国铁道出版社有限公司,2020.11

ISBN 978-7-113-27210-4

Ⅰ. ①地… Ⅱ. ①任… Ⅲ. ①地下铁道-工程施工-研究 Ⅳ. ①U231

中国版本图书馆 CIP 数据核字(2020)第 163830 号

**书　　名**:**地铁暗挖区间多工作面快速施工组织与管理实践**
**作　　者**:任英伟　魏成照　李　川　王海亮

---

**责任编辑**:梁　雪　　　　**编辑部电话**:(010)51873193
**封面设计**:高博越
**责任校对**:苗　丹
**责任印制**:高春晓

---

**出版发行**:中国铁道出版社有限公司(100054,北京市西城区右安门西街 8 号)
**网　　址**:http://www.tdpress.com
**印　　刷**:北京铭成印刷有限公司
**版　　次**:2020 年 11 月第 1 版　2020 年 11 月第 1 次印刷
**开　　本**:700 mm×1 000 mm 1/16　印张:10　字数:225 千
**书　　号**:ISBN 978-7-113-27210-4
**定　　价**:38.00 元

---

# 前 言

随着我国经济的发展，城市规模逐步增大，出行人数日益增多，城市交通日趋拥堵。为缓解交通压力，越来越多的城市开始建设地铁系统。城市地铁是一个复杂的工程系统，耗资大，建设周期长，技术难度高。为安全高效地进行地铁工程建设，科学的施工方案和高水平的项目管理是基本保证。在我国几十年的地铁建设过程中，许多学者和工程建设者对其关键技术进行研究和总结，取得了一系列世界瞩目的成果。但在目前的研究成果中，技术类较多，施工组织管理类较为薄弱。因此，探索总结科学实用的施工组织与管理方法对我国城市地铁建设具有非常重要的现实意义。

本书是对青岛市地铁8号线观涛站—科技馆站区间工程建设施工组织与管理实践的总结。青岛地铁8号线观涛—科技馆区间（以下简称"观科区间"）土建工程由青岛第一市政工程有限公司承建，于2017年3月开工，2019年12月完工。建设期间，青岛第一市政工程有限公司与山东科技大学联合成立项目科研团队，对项目技术方案和施工组织管理进行科研攻关，对项目的顺利完成发挥了重要作用。为使该工程中多工作面施工组织与管理方法能够被同行借鉴并改进，特撰写本书。本书理论与实践相结合，工程项目建设的过程，也是本书不断修改、凝练的过程。

本书针对观科区间工程项目施工特点，设置施工组织管理机构，进行工作结构分解，制定人力资源计划和机械设备配置计划，提出开挖、爆破、初支及二衬的具体施工组织方法及通风、排水、供电等辅助设施系统优化设计方案。对工程量进行估算，确定各工序逻辑关系，计算各工序持续时间，制定工程进度计划；提出保障快速施工的质量管理、安全管理及现场文明施工等保证措施和方法。本书具有较强的理论性和实用性，可为地铁工程项目管理者提供理论知识和实践经验，也可作为本科院校交通工程、土木工程、工程管理等专业教学参考用书。

本书由山东科技大学任英伟、青岛市市政空间开发集团魏成照、青岛第一市政工程有限公司李川、山东科技大学王海亮撰写。全书共分10章,其中第1章、第3章、第4章由任英伟撰写,第2章、第5章、第9章、第10章由魏成照撰写,第6章、第7章由李川撰写,第8章由王海亮撰写。全书由任英伟统稿。课题组硕士研究生肖景鑫、谷志民、冀新宇、丁新宇、姜世斌参与了现场调研及资料收集工作,硕士研究生张钊参与了资料收集、部分插图绘制和排版工作。

本书在写作过程中得到了山东科技大学辛林副教授、李占海博士,河南理工大学于建新博士,中国交通建设股份有限公司李维洲教授级高工、于福高工,青岛市西海岸轨道交通有限公司刘泉维研究员,河北飞瀑环保科技有限公司王振彪教授的关心、支持和帮助。特别感谢青岛第一市政工程有限公司观科区间项目部张勇经理、张文明总工的大力支持及对全书给出的宝贵建议。

限于作者水平,书中难免有疏漏及不足之处,敬请读者批评指正。

作　者
2020年7月

# 目　录

# 第1章　地下工程施工管理概述

## 1.1　研究背景及意义

改革开放40年以来，特别是在世纪之交的20年中，我国开展了大规模的基础设施建设，地下工程作为重要的部分，无论资金量还是建设量在国际上都名列前茅。2019年全国地铁运营线路长度达5 181 km，同比2018年增长19.0%，占城轨交通运营线路总里程的76.8%。2019年我国城轨在建线路长度达6 902.5 km，其中地铁在建线路长度为5 943 km，占城轨在建线路里程的86.1%。我国目前正处于城市地铁建设高潮期，已经成为世界上最大的城市地铁建设市场。现在地铁建设已经成为现代大都市的标志。

地铁客容量大，具备高速度、高准时性、舒适性，能够满足人们出行需要，有利于缓解城市面临的交通拥挤问题。随着我国市场经济体制的不断改革，城市地铁建设规模不断得到扩大，对其建设的速度需求也越来越高。因此探索建立高效、快速、安全的城市地铁建设组织管理体系，对提高我国地铁建设水平具有重要的现实意义。

城市地铁隧道是一个复杂的系统工程，其大规模建设发展，带来了一系列的技术、管理难题，也引发很多以前没有发现过的或没有引起关注的工程现象。在解决这些技术难题的同时，需要不断归纳分析这些工程现象，发现各种工程现象与工程要素之间的内在联系，提炼形成科学问题，为指导具体的工程实践提供有力的支撑。

青岛市是全国首批沿海开放城市，2019年常住人口近950万。建设快速便捷的青岛市地铁系统对于提升城市功能、缓解交通拥堵、促进经济发展具有重要意义。由青岛第一市政工程有限公司承建的青岛地铁8号线观涛站—科技馆站(以下简称“观科”)区间工程，施工工期紧张，开挖任务繁重。为顺利完成施工任务，公司与山东科技大学联合成立科研攻关课题团队，确定多通道施工方案，科学组织多工作面快速施工。项目于2017年3月开工，2019年完工。2017年3月～2018年6月底完成前期征地拆迁以及竖井、斜井、风井等施工通道的开挖支护；地铁暗挖区间隧道正线于2018年6月底开挖支护，2019年10月底完成二次衬砌，即在16个月时间内完成双线近6 km的开挖支护和二次衬砌。其施工速度之快，深受业主和国内施工同行认可。本书是对该项目地铁暗挖区间快速施工组织管理实践的总结,以期对我国地铁建设的施工组织管理起到借鉴推广作用。

## 1.2 地下工程施工管理国内外研究现状

近年来,随着我国城市化进程的加速,经济迅速发展,城市人口密度增大,城市道路交通拥堵、城市生命线运行严重超负荷等问题随之出现,给人们生活、出行带来极大不便。这样一来,维持城市生活的宜居性是一大挑战。开发地下空间对城市建设至关重要,地下空间的利用为城市的基础设施、生活服务设施提供了新的空间,且不以消耗宝贵的地面空间为代价。因此,城市地下空间的开发与利用已成为舒缓地面交通、扩充城市用地、改善城市生态环境的有效途径和重要补充,国内越来越多的城市开始修建城市地下轨道,铺设城市公共管廊,如今逐步发展到修建城市中心区地下道路甚至城市地下主干快速路。事实上,随着城市地下工程建设项目的日益增多,地下工程建设项目在项目用地、投资、建设、工程技术、项目管理、资金筹措等方面都存在一些不足,需要进一步完善。

### 1.2.1 国外研究现状

Lingard 和 Rowlinson 提出了行为安全管理的相关理论研究,在项目实施中设置安全管理目标,将进行的施工行为与设定的安全目标进行对比,将施工行为规范化,从而可以减少和预防安全事故的发生。

Joe M. Wilson Jr. 和 Enno Koehn 提出人人参与安全管理与检查的观念,发挥施工人员的积极主动性,提高施工人员安全意识和安全管理水平。

Steve Rowlinson 提出将"安全文化""劳动力资源""劳动技能和观念""安全监督""安全设施""项目分包""自我约束"七项内容作为安全管理的七个要素,通过控制这七个要素达到安全管理的目的。

Sangoub 和 Daniel 通过专家问卷的方式整理和识别危害施工安全的因素,用模糊分析的方法对这些因素危害安全的可能性进行分析,通过危害大小来评价事故可能发生的风险等级,研究表明多个因素的相互作用比单个因素更容易发生事故。

美国会计学家埃里克·科勒(Eric Kohler)研究了作业成本法在项目管理中的应用,后来这种方法越来越多地被应用到项目管理领域,并取得较好效果。

而 Johnson H. T. 的研究指出,应用作业成本法可以使企业更好地了解成本支出的主要内容,对项目的成本进行有效控制,并能够预测项目是否盈利。

J. Carlton Collins 通过研究发现,作业成本法可以在建筑项目的成本估计中得到有效应用。Varela 和 Grant 成功地开发出一个成本报价软件,通过该软件可以快捷有效核算成本，对成本进行有效管理。

Roztocki对作业成本法的应用条件分析后认为，作业成本法与经济价值分析相结合才能够对项目成本进行较为实际的评价。

Rick McCarthy通过对作业成本法的应用进行研究，认为只有将作业成本法与供应链的管理进行有机结合，才能更高效地达到控制企业成本的目标。

Robert K. Wysochi研究项目成本管理应用，提出将预算目标进行资源整合、分配、组合，采用战略联盟等模式实现资源的平衡和有效利用，从而实现成本节约的目的。

Nielsen以海底隧道工程作为研究对象，考虑了海底隧道工程施工过程中各类风险因素之间的相互影响。

Burland研究了地铁项目施工过程中对周边环境产生的影响，给出了评估这种影响的方法和计算程序。

Sejnoha提出采用故障树分析法(FTA)和事件树分析法(ETA)对捷克共和隧道新奥法施工进行风险分析。

### 1.2.2　国内研究现状

随着地下工程的发展，工程技术和研究人员结合工程实际和相关课题进行了大量的探索。

晏成明等对我国地下工程施工技术方法现状及发展进行了研究，认为为了保证地下工程施工达到优质、高效、经济、安全的目的，故在优化施工技术方案时要因地制宜选择施工技术方法。

焦宏涛介绍了施工项目成本管理的方法，应用挣值法、网络计划法等方法，探讨了地铁工程施工成本管理的主要内容和特点以及存在的问题。

彭明珠将目标成本管理理论应用于工程成本管理的各个阶段，围绕目标成本提出了一系列处理措施。

和振安提出了在地铁项目的管理中应用成本监控措施，并提出成本管理要建立有计划、从上而下的逐级管理方式。

施工技术方面，董慧中以惠璧珑湾项目基坑支护实际工程为例，研究了深基坑支护工程施工技术管理重点与方法。王埼琳对逆作法施工技术在高层建筑中的应用进行研究，探讨了逆作法设计和施工关键技术，并介绍了逆作法有限元理论的分析研究。米思兴等对新建机场跑道下穿既有运营跑道的工程实例进行了研究，在地质条件、跑道线路布置、线路断面及穿越施工的条件限制基础上，对比分析了盾构法、明挖法等几种不同施工方案的实施和效果，从安全、经济、工期等角度进行综合对比分析，最后提出了可行的建议施工方案。

刘建航对某地铁施工过程中的技术问题进行了研究分析，根据地铁线路所处的工程地质状况，分别对不同的施工方法进行设计优化。

陈寿长在分析总结了逆作法的设计和施工技术的基础上，指出逆作法施工过程中的关键步序，如节点的处理、控制竖向支撑柱的垂直度、逆作法暗挖技术、逆作法施工照明技术、逆作法废弃排放技术、施工便道及堆场安排等。

1998 年，肖志俭通过研究，提出了公路隧道长大隧道通风方法和隧道机械化施工方法。

2007 年，蒋全依托超大断面石门岭隧道，提出了二台阶法与三台阶法的开挖方法。并通过台阶法和 CRD 工法的方案比选，得出采用台阶法多工作面掘进单向月平均施工进度指标是 CRD 法的 1.73 倍。

2007 年，霍玉华、王晓州、孟飞彪等人结合郑西客运专线张茅隧道的施工，通过模拟台阶七步开挖法的应力应变过程，以及对现场监控量测数据的分析，阐述在大断面黄土隧道中该方法的施工工艺和具体施工要点。

2007 年，刘生秀以温福铁路客运专线鸡面山隧道工程为例，通过运用自制钻孔台车，光面爆破设计、装渣方式及运输设备配置、通风方式选择，达到了大断面硬岩的快速掘进。

2000 年，刘洪伟通过青山隧道施工，研究了多种施工机械以及各种机械的选择与配套模式。

2009 年，朱琴生依托青岛胶州湾海底隧道为工程背景，利用三臂液压凿岩台车进行注浆作业，并结合专业化的管理模式，使三臂液压凿岩台车在作业过程中，不仅具备了快速开挖的技术，还具备了在不良地质条件下的深孔注浆施工中的安全、优质、快速、高效施工技术。

2010 年，何建洪以重庆市彭水县洪彭水隧道施工为研究对象，为加快施工进度，研究探讨了在只有一个隧道工作面的情况下，隧道的多工序平行作业施工技术，结合工程实际指出了：成立专业化施工工班，快速有序的专门负责解决施工中的单一工序存在的问题，能为实现多工序平行作业打下基础；改装设计大模板衬砌台车，可以满足大型自卸车及装载机行走和衬砌施工的双重需要。

2011 年，石立新针对雪峰山隧道白沙斜井，1 井 4 工作面，2 个联络通道施工情况，优化了施工队伍配置等施工组织安排，总结探讨了隧道通风、出渣、排水等工序保证措施。

2009 年，吴波等以北京地铁 5 号线和平西桥站—北土城东路站区间为例采用大包施工工法，直接破口进入正洞，避免了小导坑及反扩的施工，可节省工期 1 个月左右。

2009年，马红章针对乌鞘岭特长隧道6号斜井洞内设有七个横通道，最多达七个工作面的复杂施工组织采用数理统计的方法对6号斜井的机械设备的数量进行了合理的配备。

2012年，朱磊选取天津地铁5号线幸福公园站为样本，对建设准备和设计建设施工的各种环境因素、技术因素、物资因素、人员因素、经济因素等方面进行了较为全面的调查和研究，做出了一套较为完整可行的地铁站施工组织设计。

2015年，刘江涛以上海市陈翔路地道工程项目为研究对象，分析该地道项目的概况、重难点等方面，针对性地对该项目从管理目标、组织架构、制度建立、管理流程方面建立了一套完成的质量管理体系。

2017年，王路杰以青岛延安路车站为实例，分析了地铁车站施工的风险特点，研究了地铁车站施工风险发生机理。在对地铁车站风险识别的基础上，利用层次分析法构建了地铁车站施工风险评价指标体系——基于AHP－模糊综合评价法的地铁车站施工风险评价模型，采用层次分析法确定了各评价指标的权重，针对车站施工中存在的风险隐患，从人员、管理、技术和环境方面提出了具体改进措施。

2019年，高雪以万安长大铁路隧道DK296＋527.72～DK 310＋455.5施工段为研究对象，基于“三管两控一协调”的施工管理理念和以往施工经验，采用现场实践调研、数值分析、BIM技术等方法，对长大铁路隧道多工区多工作面施工组织管理技术进行研究。从施工质量、安全以及进度3个方面提出关于长大铁路隧道多工区多工作面施工组织管理措施，形成长大铁路隧道施工管理控制技术。

## 1.3　地铁施工方法分析

地铁土建施工主要分为地铁车站施工、区间施工、路基施工、车辆段施工等。其中，区间施工又按施工空间分为隧道施工和高架施工。地铁是城市地下工程的一种，受地质条件影响，施工技术相比于地上建筑更加复杂，由于地质条件的变化，很多时候也需要多种施工技术的组合，因地制宜地采用不同的施工方法以适应不同地质条件的施工需要。目前，国内外常用的城市地铁施工方法有明挖法、盖挖法、新奥法、盾构法、TBM法等。其具体施工流程及优缺点如下：

(1)明挖法也叫作基坑法，是一种先将地面挖开，在露天情况下修筑衬砌，然后再覆盖回填的地下工程施工方法。主要施工流程为：打桩→路面开挖→埋设支承围护→开挖→地下结构施工→土壤回填→恢复路面。这种方法简单易行，施工速度较快，但对地面破坏、交通阻碍影响较大，在人口及车辆较少、环境相对较宽广的地区较为实用。

(2)盖挖法是明挖法的一种改进，较大程度地减小了施工过程中对地面交通及周围环境的破坏。其施工流程为先进行围护及支撑结构的施工，在其保护下再做桩顶梁、盖顶板,然后恢复路面,最后在桩及顶板的支护下进行地下主体的施工。根据施工流程的不同还可以分为盖挖顺作法和盖挖逆作法。

(3)新奥法又称为矿山法,最早应用于矿山开采,是一种通过钻眼爆破进行隧道开挖的方法,适用于岩石地层。传统矿山法的主要施工方式是采用钻眼爆破进行开挖,然后采用钢材、木材进行支撑,最后自上到下或自下到上进行砌筑刚性衬砌。后来,随着人们对隧道开挖过程中出现的围岩变形、坍塌等现象的不断认识与研究,奥地利的土木工程师 Rabcewicz 在大量的隧道施工实践经验的基础上,提出了一种叫作新奥法的隧道施工技术。新奥法是一种以“喷射混凝土”“锚杆加固”和“量测技术”为基础的隧道施工技术,其基本原理是将围岩本身成为支护环的重要组成部分,形成坚固、稳定的支护结构。

新奥法施工具有工程投资小、地质适应性强、对地面的干扰较小的特点,相对于明挖法有效地减少了对周围居民日常生活出行的影响,在硬岩地质及复杂断面工程中具有明显优势。但在其实施过程中相较于其他施工方法也具有较高的风险。具体施工方案是根据喷锚构筑法原理,充分利用围岩自承能力,尽量减少对围岩的扰动,对软弱围岩采用加强超前支护或预支护,对围岩较好的中风化和微风化岩层采用控制爆破技术,具体工程措施以锚杆、小导管、注浆、钢筋网、喷射混凝土及钢架等作为主要施工支护手段,模筑钢筋混凝土为二次衬砌,并通过现场监控量测指导设计和施工。目前,国内许多城市如青岛、大连、成都、重庆等大都采用基于新奥法设计理念的新奥法进行区间隧道的施工。

(4)盾构法是一种适用于软土隧道掘进施工的方法。其实质是利用软土隧道掘进机进行掘进,在盾壳的保护下,进行机械开挖或者人工开挖,以及衬砌施工。该方法不影响地面交通,对地面周围建筑物、构筑物的危害较小。通过近年来盾构技术的不断发展,该方法在城市地铁施工中有了极为广泛的应用。

(5)TBM 法是指利用岩石隧道全断面掘进机(一种集掘进、出渣、支护、通风防尘于一体的大型隧道施工机械)进行隧道施工的施工方法。该方法适用于硬岩地质,利用机械对岩石进行破碎。相比于传统地铁施工方法具有施工效率高,支护工作量少,对围岩扰动小,作业环境较为安全等优点。虽然目前 TBM 法因其施工设备购置及使用费用较高难以实现大面积的实施,但随着 TBM 设备制造及施工技术日趋成熟,其有望成为未来城市地铁隧道施工的主要方法之一。

## 1.4 青岛地铁 8 号线观科区间工程概况

1. 工程概况

青岛市地铁 8 号线起点自胶州北站,终点至五四广场,主线串联了胶州市、红岛高新区、李沧区、市北区、市南区等五个行政区，是连接青岛新机场、北岸城区、东岸城区的快速骨干线路。线路起自国铁胶州北站，经胶东国际机场、国铁红岛站、红岛CBD、大洋，过海至青岛北站枢纽，然后经沧口机场沿周口路、南昌路、山东路至香港路五四广场站。

线路正线全长61.4 km，其中高架线长6.42 km，过渡段长0.46 km，地下线长54.52 km。设有胶州北站、胶东机场站、胶东镇站、红岛火车站、大涧站、市民健康中心站、市民健身中心站、观涛站、科技馆站、大洋站、青岛北站、沧口站、闫家山站、南昌路北站、嘉定山站、鞍山路站、山东路南站、五四广场站，共设车站18座，其中高架站1座，地下站17座。平均站间距约为3.57 km，最大站间距8.648 km（位于胶东镇站—大涧站区间）；最小站间距为1.461 km（位于市民健康中心站—市民健身中心站区间）。

青岛地铁8号线工程观科区间线路出观涛站，经观涛社区，下穿耕海路，经沟角社区西北侧向东敷设，后至岙东南路，沿岙东南路南行至科技馆站。

观科区间里程桩号为右DK33＋752.721～右DK36＋642.395，线路全长2 917.245 m（含长链27.571 m），矿山法单洞单线马蹄形断面隧道。

区间分别于右DK34＋455.000、右DK35＋055.813、右DK35＋500.000、右DK26＋948.369、右DK37＋250.000设置1～5号联络通道，其中5号通道与区间泵房合建，区间于右DK33＋812.852设置渡线明挖斜井（2号斜井），右DK34＋580设置新增2号斜井，右DK35＋055.813设置区间风井，右DK35＋948.369设置1号斜井，右DK36＋576.000设置新增1号竖井，均采用矿山法施工。施工区间设置如图1.4-1所示。

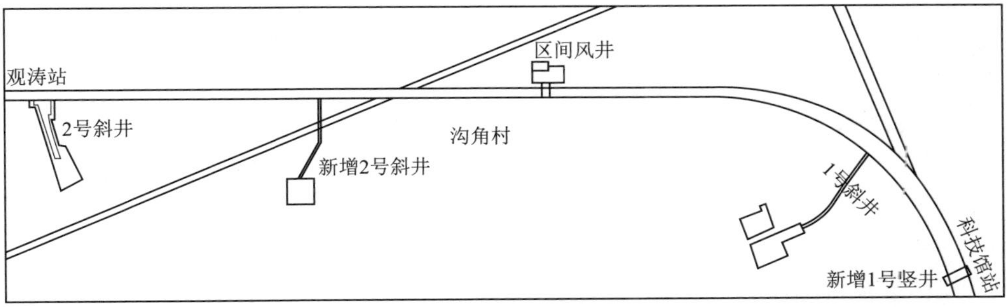


图1.4-1　施工分区示意图

观科区间1号斜井位于晓阳社区已拆迁地块内，里程桩号DK35＋948.369，区间斜井及横通道总长度331.955 m，斜井敞口段采用明挖法施工，明挖段长71.667 m，暗挖段 260.288 m。

渡线明挖斜井位于观涛社区东侧农业用地内，中心里程桩号右 DK33＋812.852，由渡线明挖段和出土坡道段两部分组成。渡线明挖段长 32.4 m，里程桩号 DK33＋796.652～右 DK33＋829.052，出土坡道段设置于渡线明挖段南侧中间向南延伸，全长 118.763 m。

区间风井设置于观涛站与科技馆站中间位置，沿规划经一路敷设，位于规划经一路正下方。规划经一路道路红线宽 35 m。风井周边现状为沟角社区，大部分已拆迁。风井周边规划为商务用地和文化设施用地。区间风井中心里程为右 DK35＋055.813，由风井及水平风道组成，风井为地下 7 层框架结构采用明挖法施工，水平风道为地下 3 层框架结构采用矿山法施工。风井及水平风道兼作正线隧道施工作业的竖井和横通道。中心里程处轨面高程为－15.879 m。竖井基坑开挖深约 43.3 m，现状地面标高约 27 m，设计井口冠梁顶标高为22.26 m。横通道为马蹄形断面，开挖宽度为 13 m，高度为 20.35 m。

新增 2 号斜井位于观涛社区东南侧、耕海路南侧田地内，权属为观涛社区，新增斜井距离正线约 220 m，该场地地势较为平坦，主要存有现状树木、线杆，无建筑物。

新增 1 号竖井位于观科区间 1 号斜井与科技馆站中间位置，横通道中心里程为右 DK36＋576.000，新增 1 号竖井距离科技馆站约 66.395 m，距离区间 1 号斜井约 627.631 m。

2. 自然条件分析

(1)地形地貌

区间范围为剥蚀残丘地貌，地形起伏较大，总体呈中间高两边低，地面高程 7.5～30 m。

(2)气象、水文

青岛地处北温带季风区域，属温带季风气候，略有海洋性气候特征。受海洋影响，空气湿润、气候温和，雨量较多，四季较分明，具有春迟、夏凉、秋爽、冬长的气候特征。青岛年平均降水量为 714 mm，常年平均受台风侵袭或受台风外围影响达 13 次。青岛年平均气温 12.3 ℃，8 月最高，1 月最低，分别为 25 ℃和－0.4 ℃。年均结冰日 82 d，冻土深度 0.5 m。

3. 工程地质及水文地质

(1)工程地质

区间所处地貌类型为地形起伏较大，地表第四系厚度不大于 2 m，主要为全新统素填土，基岩主要为白垩系青山群流纹岩、流纹质凝灰岩及构造作用产生的碎裂岩。区间穿越的地层主要为中微风化流纹岩。线路具体地质情况见表 1.4-1。

**表 1.4-1　青岛地铁 8 号线观科区间地质情况表**

| 线路 | 里程 | 长度(m) | 岩土围岩分级 | | | | | | 隧道围岩石综合分级 |
|---|---|---|---|---|---|---|---|---|---|
| | | | 隧底 | | 边墙 | | 拱顶 | | |
| | | | 岩土特征 | 围岩分级 | 岩土特征 | 围岩分级 | 岩土特征 | 围岩分级 | |
| 右线 | YSK24＋310～YSK24＋361.81 | 51.81 | 微风化花岗斑岩 | Ⅳ | 中风化粗粒花岗岩 | Ⅳ | Ⅳ | Ⅳ | Ⅳ |
| | YSK24＋361.81～YSK24＋411.393 | 49.583 | 微风化粗粒花岗岩 | Ⅲ | 微风化粗粒花岗岩 | Ⅲ | 微风化粗粒花岗岩 | Ⅲ | Ⅲ |
| | YSK24＋411.393～YSK24＋467.784 | 56.391 | 微风化花岗斑岩 | Ⅲ | 微风化花岗斑岩 | Ⅲ | 微风化粗粒花岗岩 | Ⅲ | Ⅲ |
| | YSK24＋467.784～YSK24＋520 | 52.216 | 微风化花岗斑岩 | Ⅳ | 微风化花岗斑岩 | Ⅳ | 微风化花岗斑岩 | Ⅳ | Ⅳ |
| | YSK24＋520～YSK24＋586.033 | 66.033 | 强～中风化粗粒花岗岩 | Ⅴ | 中风化粗粒花岗岩 | Ⅳ～Ⅴ | 微风化花岗斑岩 | Ⅳ | Ⅴ |
| 左线 | ZSK24＋303.417～ZSK24＋363.793 | 60.376 | 中风化粗粒花岗岩 | Ⅳ | 中风化粗粒花岗岩 | Ⅳ | Ⅳ | Ⅳ | Ⅳ |
| | ZSK24＋363.793～ZSK24＋403.817 | 40.024 | 微风化粗粒花岗岩 | Ⅲ | 微风化粗粒花岗岩 | Ⅲ | 微风化粗粒花岗岩 | Ⅲ | Ⅲ |
| | ZSK24＋403.817～ZSK24＋486.143 | 80.326 | 微风化花岗斑岩 | Ⅲ～Ⅳ | 微风化粗粒花岗岩 | Ⅲ | 微风化粗粒花岗岩 | Ⅲ | Ⅲ～Ⅳ |
| | ZSK24＋486.143～ZSK24＋520.919 | 34.776 | 中风化粗粒花岗岩 | Ⅳ | 微风化花岗斑岩 | Ⅳ | 微风化花岗斑岩 | Ⅲ～Ⅳ | Ⅳ |
| | ZSK24＋520.919～ZSK24＋586.033 | 65.114 | 中风化粗粒花岗岩 | Ⅳ～Ⅴ | 微风化花岗斑岩 | Ⅳ | 微风化花岗斑岩 | Ⅲ～Ⅳ | Ⅳ |

(2)水文地质

根据勘察钻探钻孔揭露地层和钻孔抽水试验成果资料,结合场区的地形地貌、地下水赋存介质及埋藏条件的差异,场区内地下水可划分为两大类:第四系孔隙水、基岩裂隙水。

青岛地区位于丘陵区,地铁线路通过地段地下水类型多且分布不均匀,不是主要的水源地,场区 3～5 年的最高水位较勘察期间水位变幅不超过 2 m。根据区域水文地质资料,拟建地铁沿线场地地下水位年变化幅度为 1～2 m。

# 第2章　管理目标及项目管理机构设置

## 2.1　管理目标

1. 总体目标

整个工程实施项目法管理，以ISO 9000质量保证体系进行质量控制，以事故树进行预测分析并进行安全控制，以动态管理进行进度控制。积极开发引进“新技术、新工艺、新设备、新材料”，以“重信誉、守承诺、创国优”的战略目标组织施工。

2. 质量目标

工程质量目标：符合相关技术规范和要求，一次性验收合格，确保“泰山杯”，争创“鲁班奖”。

3. 安全目标

以“零事故”理念为核心，实现安全生产“零事故”。杜绝特大事故、重大事故、重大交通安全事故、设备和火灾事故；轻伤率控制在3‰以下；安全设施齐全，劳动保护用品配备100%；不发生基坑坍塌、洞内塌方冒顶的责任事故；避免一次性直接经济损失在五万元以上的其他工程事故；杜绝因施工所造成的地表沉陷以及由此引起的房屋开裂、倒塌、道路交通中断、通信中断、漏水和漏气等工程施工责任事故；消灭违章指挥，消灭违章作业，消灭惯性事故。

严格遵守国家与相关部门、青岛市有关安全生产的法律、法规和相关规定，工地安全检查达标。

4. 文明施工目标

认真抓好文明工地建设，确保满足青岛市有关文明施工的相关规定及发包人的文明施工的管理办法要求，争创山东省、青岛市“安全标准工地”。

5. 环境保护目标

认真贯彻执行国家、青岛市环境保护的法律法规和环境标准，不断提高全体参建员工的环保意识，综合利用各种资源，最大限度地降低各种原材料的消耗，节能、节水、节约原材料；废气、废水、各种废弃物达标排放，从严把握噪声标准，控制施工噪声污染，保护文物古迹、保护名树古木、保护城市绿地，维护城市交通正常秩序，创青岛市环保型建筑施工工地。

6. 施工技术质量管理目标

各类原材料符合设计要求，各类试验检测资料齐全，砂浆、混凝土试件强度的合格率达 100%，分项工程一次评审合格率 100%，优良率达 95%以上；确保工程质量符合设计和质量标准，单位工程创省、部优。

## 2.2　项目管理机构设置

从广义上说，组织是指由诸多要素按照一定方式相互联系起来的系统，从狭义上说，组织是指人们为了实现特定的目标，互相合作而组成的集体或团体。所以说，组织就是为了实现目标而产生的，组织中规定了每个人在当中的作用与目的。组织有以下几个特点：

(1)目的性

在组织的定义中，就提到了组织是为实现特定目标而组建的群体。著名管理学家布朗认为，组织的组建就是为了推进内部各个成员的活动，实现最好的运营目的。也就是说，组织是为了实现成员间更好的协作关系而存在的。

(2)结构性

从组织类型上来看，有很多典型的组织。亨利·明兹伯格认为，共有五种基本的组织类型，其中包括简单结构、机械式官僚结构、专业式官僚结构、事业部制结构、变形虫结构，其他的结构都是在这几种基本类型基础上的变体结构。但是从某种角度上来看，无论哪种组织，都具有结构性这个特点，都包含职位、规模、控制系统等结构要素。

(3)群体性

任何一个组织都是由三人或三人以上所构成的，是一个由群体所组成的有机体。组织的产生就是为了发挥群体效应，完成无法由个人所完成的任务。即“1+1>2”。组织具有很强的群体性。

项目组织是为了实施某一个项目为目的，按照一定的形式组建起来的机构，它具有以下几个特性：

(1)临时性

项目组织是随着项目的立项而组建起来的，随着项目的结束而解体。在时限上，项目组织往往都具有很强的临时性与一次性。项目结束后，即使部分管理人员仍然属于某个公司，但是针对上个项目的岗位已经不存在了。

(2)目的性

与其他组织相同，项目组织也是为了实现一定的目的而存在的。相比较而言，企业组织的目的往往是实现某种长期的愿景和目的，而项目组织仅仅为了实现项目目标，而这种目标一般是中期或者短期的。

(3)灵活性

根据项目的不同阶段，项目组织往往也会发生变化。一个大型的工程项目，在立项时一般而言规模都比较小。随着工程项目的实施，往往在规模上都会不断扩大；同时，在项目的不同阶段，部口设置、人员分工可能都会产生变化。所以项目组织具有很强的灵活性。

(4)限制性

从内部而言，项目组织都归属于某个企业。其内部架构、岗位设施都要受到所属企业的部口设置的限制，从而保证管理上的一致性；从外部而言，项目组织的设置也要受到法律法规、政策环境、市场情况、项目其他参与者等诸多外部条件的限制。

地铁项目组织设计要以科学、高效、合理地完成工程项目，保证工程三大目标的顺利实现，同时也要考虑到地铁项目的基本特点：

(1)目标统一性

组织是一个社会实体，它具有明确的目标导向、精心设计的结构以及有意识协调的活动系统，同时又同外部环境保持密切的联系。就地铁而言，本身具有投资额巨大、交叉界面多、技术复杂、施工难度大等特点，是一个多目标复杂的系统工程。项目管理机构是开展地铁建设工作的基础。科学合理的组织架构，对于完成施工管理、规划设计、机电设备采购等一系列工作具有至关重要的意义。

(2)环境匹配性

组织环境是存在于组织的边界之外，对组织的总体或局部产生影响的重要因素。其中包括行业、市场、人力资源、政府、经济形势等各个因素。组织与环境匹配，主要包括以下几点。

一是组织的文化要与环境匹配。地铁公司的组织目标包括建设管理、综合协调等内容，需要严谨务实、勤于学习的组织文化。二是组织的人员要与环境匹配。目前融资、设计、施工技术日新月异，机械设备、施工方法更新得很快，这也需要地铁公司的工程管理人员不断提高自身业务水平，熟练操作 BIM、P6 等工程管理软件。三是组织的结构要与环境匹配。地铁工程接口多，需要相对扁平的、流程化的组织架构，以适应工程管理的客观需要。

(3)管理幅度与层次

组织机构的规模要充分适应组织的特点。要结合行业情况、工程特点等众多因素予以设计。工作流的相依性是重要指标之一。从工作间关系而言，共有交互性相依、顺序性相依、并列式相依。其中交互性相依在工作过程中需要工作主体间频繁、密切地联系，部门规模较小。顺序性相依的工作接口相对较少，部门规模较交互性相依而言较大。并列式相依性中，各个主体之间接口最少，部口规模可以相对大型化；在管理层次方面，一般基层管理的下属数量较多，而越向高层管理的下属数量则越少（事业部制除外）。

(4)权责与对应性

组织中的个体所对应的权力与责任应该是充分匹配的。拥有的权力越大，则承担的责任也越大，不能存在“权大责轻”的情况。同时，这也需要与个人的才能充分匹配。企业需要将人才置于合适的岗位，充分发挥作用。

### 2.2.1　工程项目组织结构

按项目法全面组织工程项目施工，按职能式组织结构模式设置项目经理部。项目部设项目经理 1 名，副经理 1 名（分别负责分管安全、生产），总工程师 1 名（分管成本）。经理部下设五部两室（工程管理部、财务部、机械物资部、预算合同部、安质环保部、综合办公室、试验室），作业层设三个工区段（渡线明挖斜井段、区间风井段、1 号斜井段），每个工区设 1 名工区长、1～2 名副工区长，1 名技术主管和一定数量的技术员、安全质量管理人员及施工员。该项目投入总人数 40 人，现场组织机构如图 2.2-1 所示。

### 2.2.2　管理责任

1. 项目经理

主持全面工作，认真履行项目合同，对工程质量、安全、环保、工期和成本控制负全责，负责项目内部行政管理工作，包括人员调配、财务管理和对外协调等。

2. 项目副经理

主责劳务方的岗前安全培训和三级安全教育培训工作。对分包方生产全过程安全环保、工程质量监督检查，发现问题及时提出整改意见并监督实施。督促分包方建立健全内部安全、质量、环保保证体系。主责调查、处理分包方发生的因工伤亡以及工程质量、环境污染等事故。参与劳务资质评审和合同评审，参与分包方验收、结算工作。主抓工程质量、安全、文明施工、生产进度、资源配置和队伍管理，组织指挥施工生产、协调各生产单位的接口界面，进行内部考核、评比；负责质量策划、统筹安排项目质量计划和创优规划，并组织实施，实行质量一票否决制，实施质量奖惩制度，审批物资采购计划和机械设备配置计划，主持对分供方的评价。

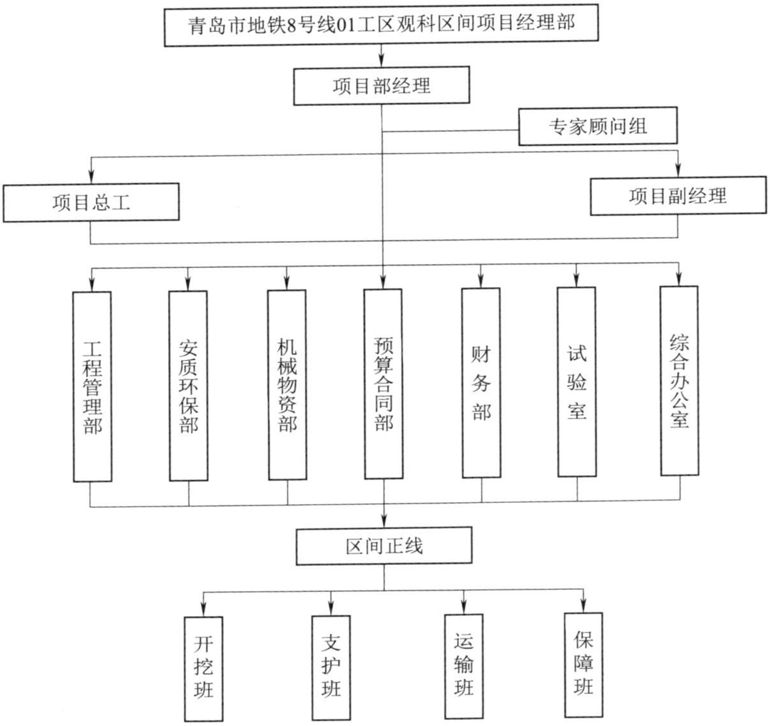


图 2.2-1　现场组织机构图

3. 项目总工程师

主抓技术工作和质量控制，负责与业主、监理单位、设计单位和质检站的协调工作。审批关键和特殊工序的施工作业指导书及技术保证措施，主持新工艺、新技术、新材料的研究及推广作用，组织工程竣工交付。组织编制分包队伍招标文件，参与劳务资质、合同评审。组织编制《建设工程施工分包合同》；组织各部门按照相关程序进行分包队伍验工计价、计量款的拨付工作；监督农民工工资发放；组织招投标小组进行劳务队伍资质年审；监督劳务队伍农民工工伤保险、医疗保险、意外伤害险的缴纳情况。

4. 工程管理部（设技术室、测量室、资料室）

(1)组织设计文件会审，全面掌握施工图、技术规范。编制实施性施工组织设计和质量计划，负责过程控制，结合项目管理特点，制订技术、安全、质量等管理细则和保证措施。

(2)负责全线的控制测量，组织重点、难点问题攻关，进行施工技术交底。

(3)参加质量评定和隐蔽工程检查验收，不定期参加安全质量大检查和 QC 小组活动。组织对不合格品的评审及处置，主持制定纠正、预防措施并跟踪验证。

(4)建立技术和质量管理日志，做好项目技术档案管理工作，协助总工程师组织工程竣工交付。

(5)按照质量体系文件要求，全面开展各项质量活动。

(6)组织项目的试验检测工作。

(7)负责组织项目竣工资料整理。

5. 安质环保部

(1)负责质量计划的宣传、落实工作，负责创优计划的策划和落实工作。

(2)督促检查对原材料的检验和试验工作，负责现场自检并配合监理工程师做好质量检验工作。

(3)负责工程质量检查和评比工作。

(4)编报质量记录。

(5)负责协调临时占地、临时道路等事项，解决扰民、民扰等问题，负责施工安全和环境、文明施工，协调周边关系。制定环保规划、措施，控制工区附近的环境污染，实施环保工作。

(6)负责工程安全的检查和评比工作，并填写安全报表。

6. 机械物资部

(1)负责材料订货采购、租赁。

(2)编制材料供应计划，经领导批准后负责实施。

(3)整理保管好一切材料的资料和报告证件等，建立管理台账，做好各项材料消耗和库存信息统计工作。

(4)制定物资管理标准和实施办法，对工程使用材料的质量和管理负全责。

(5)制定定(限)额发料标准和收费标准，办理材料成本核算和费用结算。

(6)记录材料使用情况，做到可追溯性标准。

(7)根据工程进展情况，合理配备、协调施工机械，加强机械管理及维修，使其始终处于完好状态。

(8)定期进行机械评比，奖优罚劣。

(9)负责编制机械设备配置计划，进行机械设备的调配与采购，负责机械设备配件的加工制作。

(10)负责机械设备的日常管理与维修。

7. 预算合同部

(1)负责年、季、月施工生产计划的编制，掌握项目各生产单位的进度情况，分析影响进度的因素，提出整改措施。

(2)负责计量支付工作和内部承包核算工作。

(3)负责合同管理。

(4)根据合同要求，编制项目成本计划和资金使用计划，确定、分解成本控制目标。

(5)向业主提供按合同规定的、必须递交的证明文件，办理与业主间工程款的收取、支付。

(6)对项目成本支出做好分析预测，以求挖潜和降低成本的可能途径。

8. 财务部

负责财务管理工作，资金使用计划的实施，迎接审计、参与项目成本控制和经济活动分析等与财务相关的其他工作；负责分包队伍有关费用的结算审核及资金支付工作；监督分包队伍及时发放劳务人员工资；督促分包队伍按有关规定及时缴纳劳务人员各项保险。

9. 试验室

(1)按有关规定进行工程施工的见证取样和送检。

(2)认真执行现行有关试验检验规范、标准，编制试验细则和试验设备的标定计划。

(3)负责原材料和工序的检验工作，按时整理检验和试验报告，并及时上报。

(4)对检验和试验数据的准确性和有效性负责。

10. 综合办公室

主要负责项目的对外联络、文秘、人事劳资、制安保卫、职工食堂及行政事务。其中：

(1)文秘工作：负责文件资料的统一管理，编制内部管理制度，拟发请示、报告、总结。

(2)人事劳资：负责干部和工人调配、考勤管理及工资奖金分配，组织职工培训。

(3)行政事务：负责生活、办公用品的采购发放，业务部门用车管理、食堂和炊事员管理。

(4)管理好日常保障，负责对内部后勤供应，负责生活服务包括生活用水、食堂、宿舍。

# 第3章　施工部署及主要施工流程

## 3.1　总体施工安排

区间主体结构利用渡线明挖斜井、区间风井、1 号斜井、新增 1 号竖井、新增 2 号斜井作为隧道施工通道，设置六个永久横通道、四个临时横通道；从施工通道分别向两侧形成四个工作面，同时向观涛站和科技馆站方向施工，对地面交通基本没有影响。青岛地铁 8 号线观科段土建工程项目一级工作结构分解如图 3.1-1 所示。

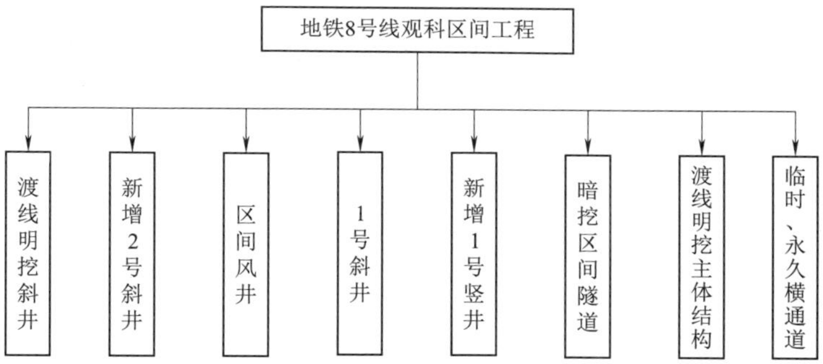


图 3.1-1　青岛地铁 8 号线观科区间工程项目一级工作结构分解图

观科区间隧道人工配合矿山法开挖，小型自卸汽车运输，由区间风井、新增 1 号竖井处设置 20 t 龙门吊提升出渣，由临时弃渣场转运至永久弃渣场地。

隧道初期支护喷射混凝土由拌和站拌制，二次衬砌采用商品混凝土，由大型混凝土运输罐车运至现场，通过混凝土地泵输入衬砌、模板台车，浇筑混凝土；插入式振捣棒配合附着式振动器振捣混凝土。采用轴流式通风机进行隧道内通风。横通道段衬砌采用大块钢模板配合组合小钢模板施工、正线衬砌采用装配式整体模板台车进行施工。区间土建工程施工流程：施工准备→渡线斜井、风井、1 号斜井、新增 2 号斜井、新增竖井开挖支护→横通道开挖支护→区间隧道开挖支护→渡线明挖主体结构施工→区间隧道防水衬砌→横通道衬砌→封堵。

## 3.2 渡线明挖斜井施工流程

1. 主要施工方法

渡线明挖段及出土坡道大里程段深基坑支护方案采用多级台阶放坡开挖、岩石锚喷支护，坡度取1:0.2、1:0.3，分级放坡开挖，设置一级过渡平台，每级放坡高度控制在6～15 m以内，各级过渡平台宽度不小于1.0 m，每级坡面做锚喷支护，采用$\phi$22钢筋水泥砂浆锚杆，锚杆水平、竖向标准间距均为2.0 m/2.5 m(局部根据节理密集带位置有调整)，网格布置，锚杆成孔直径为70 mm，内注入水泥浆，其强度不小于M25。网喷面层厚100 mm，湿喷早强C25混凝土，挂$\phi$8@200×200钢筋网片及$\phi$14加强筋，钢筋网片保护层厚度不应小于25 mm。基坑开挖最大深度约16.5 m。

2. 施工工序

总体施工工序：施工准备→土石方开挖→锚杆施工→边坡挂网湿喷→下一循环施工→管棚导向墙施工→铺底混凝土→渡线段结构施工→回填。

开挖支护流程：平整场地→基坑外部排水施工→开挖至第一道锚杆中心以下500 mm→设置第1道锚杆→依次分层开挖→依次锚杆施工→依次挂网湿喷。

锚杆施工工艺流程：土方开挖→修整边壁→测量、放线→钻机就位→接钻杆→校正孔位→调整角度→钻孔(接钻杆)→钻至设计深度→插锚杆→压力灌浆养护。

湿喷混凝土施工工艺流程：喷射机就位→接通电源试运转及清洗岩面→配混凝土料→投料→进行喷射混凝土作业→混凝土养护。

## 3.3 风井施工流程

1. 风井概况

区间风井设在右CK35+055处，区间3号永久通道设于此，风井主要位于微风化流纹岩中，采用风井加水平暗挖风道方案，风井长18.6 m，宽7.1 m，采用锚喷支护，倒挂井壁法施工。风道采用三台阶CRD法施工；风道为2层结构，开挖断面宽15.2 m，高20.12 m，采用CRD法施工，主要支护参数为30 cm厚C25喷射混凝土，格栅钢架@0.5 m，拱墙设置中空注浆锚杆，$L$=4 m，环纵向间距@1.5 m×1 m。

2. 风井施工工艺流程

锁口圈梁土方开挖→圈梁钢筋绑扎、混凝土浇筑→立龙门架→风井土方开挖→安装型钢(钢筋)格栅、锚杆、钢筋网片→喷射混凝土→风井底板施工，风井施工工艺流程如图3.3-1所示。

风井开挖支护流程如图3.3-2所示。

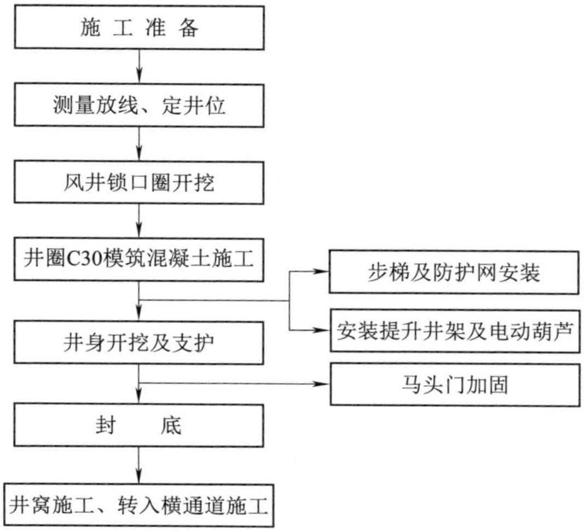


图 3.3-1　风井施工工艺流程图

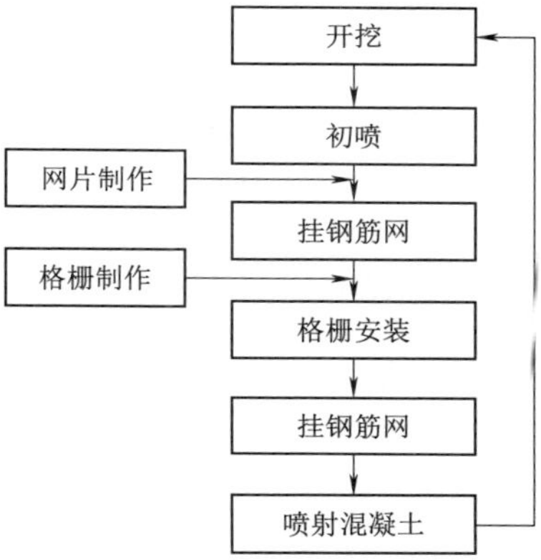


图 3.3-2　风井开挖支护流程图

## 3.4　1号斜井、新增2号斜井施工流程

1号斜井与新增2号斜井施工流程相同。

1. 斜井明挖以及洞口工程

斜井明挖以及洞口工程主要分为两个部分的施工，场面平整要求和明挖段施工。

由于现场地形起伏较大，施工进场前应三通一平；设计按照平整至规划地面标高设计。

明挖段施工细分为截水沟、挡水墙、土方石开挖、冲击炮碎石方开挖、明挖段石方爆破、锚杆施工六个工序。

2. 斜井通道洞身支护

(1)斜井洞身施工

按照通道设计开挖轮廓线进行通道施工，暗挖段均采用砂浆锚杆，Ⅲ级围岩普通段采用网喷混凝土，拱顶设置砂浆锚杆；Ⅳ级围岩普通段采用 $\phi$22 格栅钢架间距 1 m，拱顶采用超前小导管，初期支护厚度 250 mm。格栅间设置 $\phi$22 纵向拉结筋，内外双侧布置，单侧间距 1.0 m，铺设单层 $\phi$8 钢筋网，强支护向弱支护过渡不小于 5 m；Ⅴ级围岩采用 $\phi$22 格栅钢架间距 0.75 m，拱顶采用超前小导管，初期支护厚度 250 mm。格栅间设置 $\phi$22 纵向拉结筋，内外双侧布置，单侧间距 1.0 m，铺设单

层 $\phi$8 钢筋网，强支护向弱支护过渡不小于 5 m；通道开挖及初期支护完成后，对正线隧道顶土层进行超前加固，按顺序开挖正线隧道。

(2)斜井进横通道施工

为保证施工机械和车辆通行畅通，斜井与正洞设置过渡断面，交接段每侧拓宽 1.5 m，斜井进入正洞口部采用 3 榀工钢并排加强，横通道主筋于正线格栅连接筋焊接。拱部 90°设置 $\phi42$，$t$=3.25 mm 超前小导管，长 3 m，环纵向间距 0.4 m×1.5 m，并设置工 22a 型钢横撑，间距 0.75 m，中隔板厚度为 30 cm。之后扩挖至风道断面，进入风道开挖。风道施工一定长度后返回扩挖曲线转动段，风道完成后转入正洞施工。

3. 钻孔爆破施工

根据工程特点及周围施工环境，斜井暗挖段开挖爆破采取控制爆破。

在斜井通道Ⅲ级围岩级别较好地段，在保证施工质量的前提下，加强工序衔接，加快循环速度，缩短循环时间。采用人工手持凿岩机钻孔，人工装药、光面爆破开挖。

斜井暗挖段Ⅳ、Ⅴ级围岩采用台阶法开挖；采用人工手持凿岩机钻孔，光面爆破开挖。

4. 挑顶段施工

斜井进正洞挑顶施工是隧道施工的关键工序，依据设计资料，斜井与正洞交叉口为Ⅳ 2 级围岩，岩体完整，岩性坚硬，整体稳定性较好，为避免对围岩的多扰动，采取垂直导坑法挑顶，即正线断面一次成型的方式，锚网喷支护进洞。由于斜井转入正洞施工，考虑测量及施工误差预留等因素，正线开挖断面外放为 0.15 m，则施工斜井拱顶与正洞拱顶的高差为 0.73 m。

施工步骤如下：当斜井施工至 XDK0+291.649 处时，开始进行挑顶施工，采用台阶法，垂直于线路方向开挖正线横通道断面，上台阶挑顶开挖完成，及时进行锚网喷支护。挑顶支护完成后，转向正线横通道上台阶施工，开挖按照正线设计断面施工。

横通道转正洞施工方案：横通道转正洞施工是隧道施工的关键工序，采取侧壁破洞法直接进入正洞，锚网喷支护，工艺流程如图 3.4-1 所示。斜井进正洞立面图及步序如图3.4-2和图 3.4-3 所示。

横通道上台阶(Ⅰ部)开挖超过右洞左边线 3 m 时，施工右洞超前支护 ，开挖支护Ⅱ部，同理开挖支护Ⅲ、Ⅳ部，继续开挖横通道下台阶至底部即Ⅴ部，然后开挖正洞下台阶，即Ⅵ部，同理开挖Ⅶ部，正洞形成循环作业。左洞同理进行开挖支护。

左右洞不能同时开洞，需待一侧最后一洞室进洞大于 15 m 方可破除对面马头门第一个洞室，同一侧左右线掌子面间距不得小于 30m。在斜井施工进正洞前交汇面处设置斜井初期支护加强环，联立两榀钢架及时完成斜井初期支护。

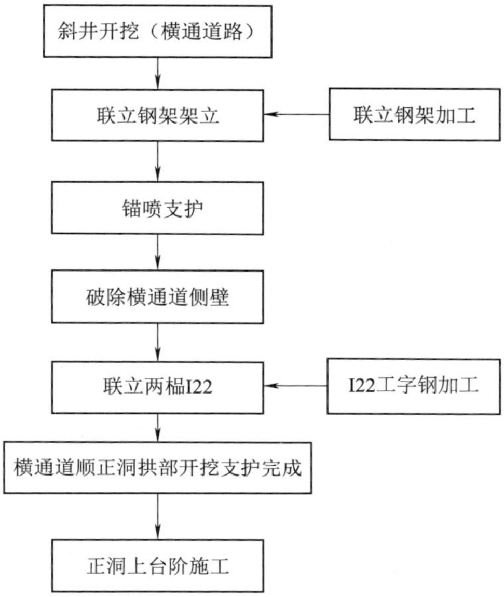


图 3.4-1　横通道转正洞施工工艺流程图

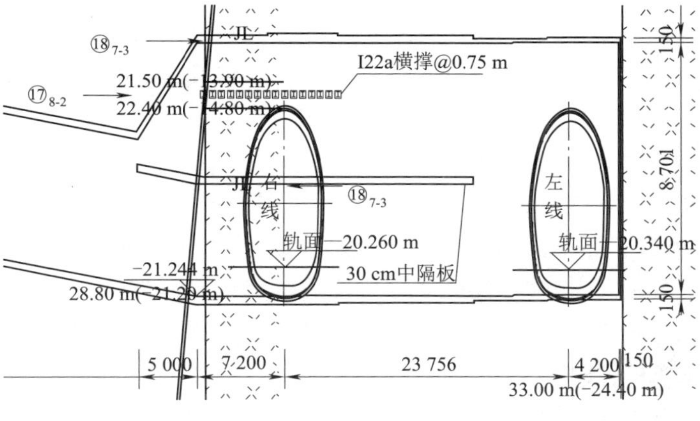


图 3.4-2　斜井进入正洞立面图(单位:mm)

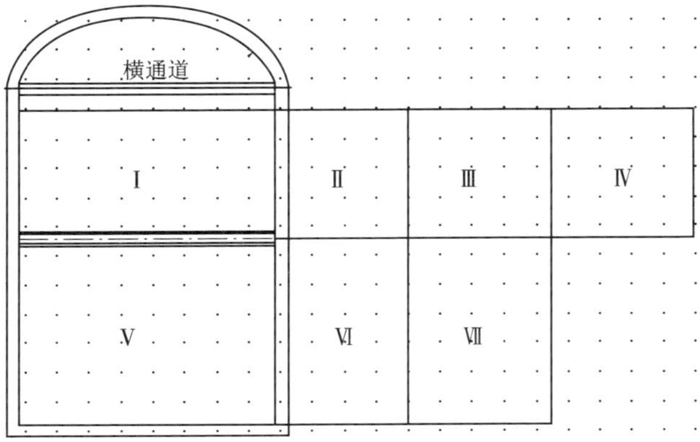


图 3.4-3 斜井进入正洞步序图

5. 初期支护施工

隧道内Ⅲ～Ⅴ级围岩段，设计文件中初期支护有：$\phi$22 砂浆锚杆、$\phi$8 钢筋网、格栅钢架、C25 喷射混凝土等项目。初期支护施工的重点主要是初期支护材料的耐久性、抗渗性保障和施工工艺质量保障。初期支护是结构的第一道防水层，施工的重点：一是做好材料质量控制，保证材料的耐腐蚀性能；二是保证喷射混凝土的防渗性能，其主要要求是喷射混凝土密实、密贴，厚度满足要求，表面平顺，强度等级达到设计要求。

6. 排水施工

施工排水：基坑排水采用基坑明排的方式，明挖段坡底一侧设 150 mm(深)×267 mm(上宽)×250 mm(下宽)排水沟，暗挖段坡底一侧设 300 mm(深)×300 mm(上宽)×250 mm(下宽)排水沟。分别在斜井明挖段中部和底部设置砖砌集水井，在错车洞位置设置集水井 1 m(长)×0.5 m(宽)×1 m(高)，上方加盖井篦子。根据水文地质情况，参照类似工程的成功经验。施工时应认真作好基坑内地下水和施工废水的降排水工作。雨季施工必须加强排水设施，及时排水，并加强对基坑的监测，确保工程安全和设备的正常运转，做到大雨后能立即复工。

在施工工区备足污水泵、排水管及与之有关的电气元件等排水设备，并在施工区安设排水管至洞外排水沟，每隔一定距离设置一集水坑，安设一接力泵站，高压电缆设于起拱线处，专线专闸，洞内事先配设救生圈及矿灯等救生工具，经常对工具与器材进行保养与更新，保证完好与使用。当遇突水、突泥时，现场负责人迅速电告应急工作领导小组，同时力所能及的采取措施，清除现场炸药、雷管等危险品，接通排水管，启动污水泵排水，设备物资部迅速提供污水泵，应急发电机等设备及引排水或堵水所需水泥、水玻璃、钢材等物资，且确保供电正常，装载机、挖掘机等大型设备至涌水区待命。如有突泥，迅速清理，确保现场畅通，应急抢险队接到通知后半小时内赶至现场，首先清除现场架子车及其他与现场救援无关设备，转换高压风、水管为排水管，进行排水，提高排水能力。

## 3.5　新增 1 号竖井施工流程

1. 总体施工方法及主要步骤

先开挖上部圈梁基坑，整体浇筑锁口圈梁，并预埋好各种预埋件→向下开挖土石方。逆作法施作初期支护：初喷混凝土、架立格栅钢架，施作锚杆和钢筋网，复喷混凝土至设计厚度→再向下开挖，重复上述步骤，每次开挖步距 0.75 m→竖井底部，施工竖井封底混凝土。

2. 竖井施工方法开挖支护

竖井为倒挂井壁法施工，地表以下为竖井锁口圈梁，采用 C30 现浇钢筋混凝土。井身支护采用锚喷支护、$\phi$42 小导管、格栅钢架、锁脚锚管、C25 网喷混凝土等方式进行，开挖由上而下施工，开挖间距与格栅钢架间距保持一致，流程如图 3.5-1 所示。

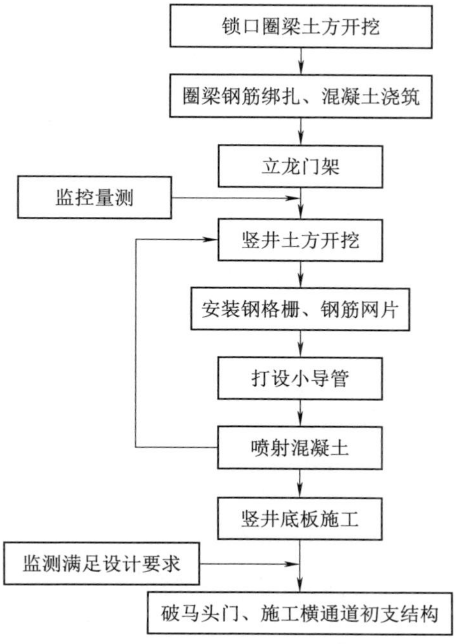


图 3.5-1　竖井施工工艺流程图

## 3.6 暗挖区间隧道施工流程

区间正线施工工序如图 3.6-1 所示。

地质超前预报可采用超前钻孔法，区间隧道超前探孔每循环设 3 个探孔，布置于隧道掌子面上，钻孔深度一般 30 ~ 50 m，两循环之间搭接长度不小于 5 m。同时根据钻孔速度变化、钻孔出水的清浊以及颜色来判断掌子面前方地质情况。施工工艺流程如图 3.6-2 所示。

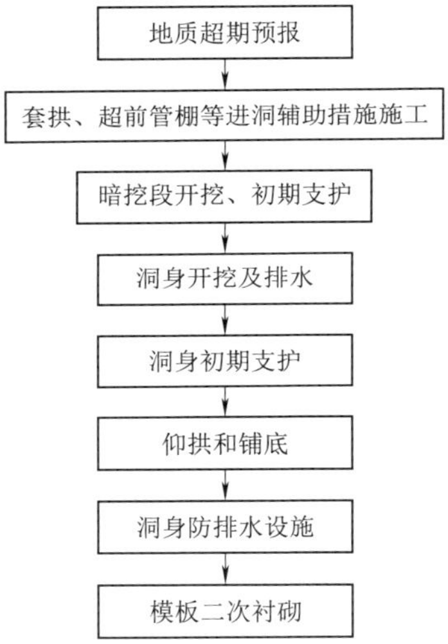


图 3.6-1　隧道正线施工工序

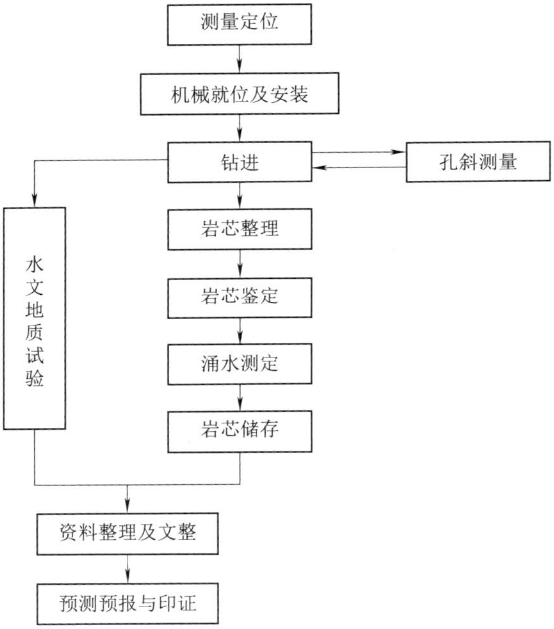


图 3.6-2　超前地质钻探作业流程图

采用超前水平钻孔可以最直接地揭示掌子面前方的地质特征，其准确率很高。在断层发育地段采用长短钻孔相结合并结合其他探测成果可取得良好效果。

超前水平钻孔采用 CLP-50 型地质钻机施工，该钻机钻探深度可达 150 m，孔径 90～120 mm。

### 3.6.1　暗挖区间隧道开挖

观科区间暗挖掘进采用新奥法施工。Ⅱ、Ⅲ级围岩采用全断面法，光面爆破后无须进行立架，开挖效率高、进度快；Ⅳ、Ⅴ级围岩采用台阶法，有利于开挖断面的稳定性，尤其是上部开挖支护后，下部作业则较为安全；渡线大断面采用 CD 法施工。

施工时，开挖进尺先采用低值进入，根据各项监测情况逐步调整合理。最终确定，Ⅱ、Ⅲ级围岩进尺取 1.5 m，Ⅳ级围岩进尺取 1 m，Ⅴ级围进尺取 0.75 m。

1. 全断面法工艺流程

隧道开挖初期支护采用全断面法施工，无轨运输，通过风井、斜井直接进出。二次衬砌采用混凝土输送泵泵送，衬砌模板采用钢模板模筑混凝土。全断面开挖施工流程如图 3.6-3 所示。

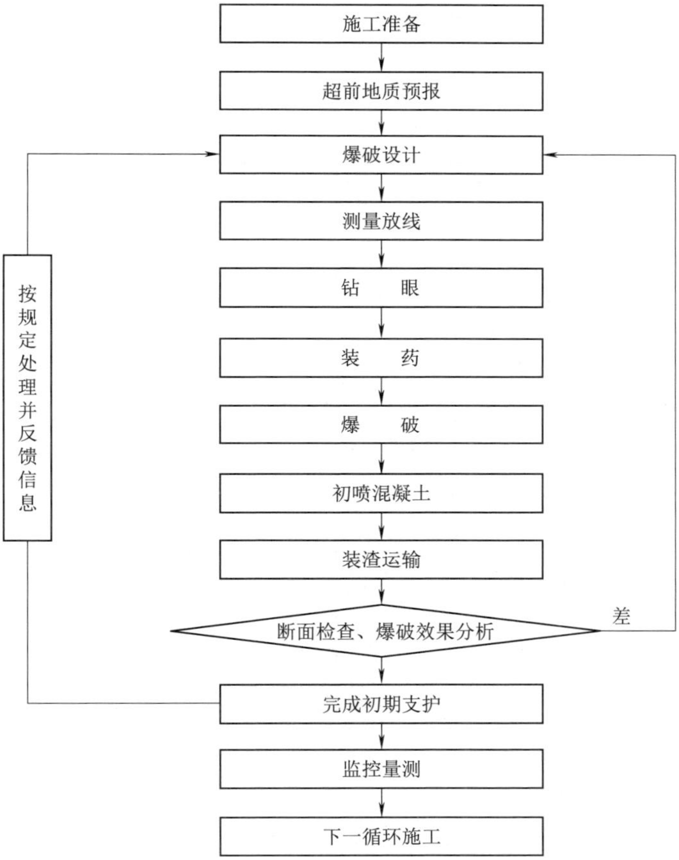


图 3.6-3　全断面开挖施工流程图

全断面开挖法开挖步序为：

(1)全断面开挖隧道断面，施作初期支护。

(2)铺设仰拱防水层，施作仰拱二次衬砌。

(3)铺设拱部及边墙防水层并施作二次衬砌。

2. CD法工艺流程

隧道开挖初期支护采用CD法施工,流程如图3.6-4所示。无轨运输,龙门架提升或通过渡线明挖斜井、风井、斜井直接进出。二次衬砌采用混凝土输送泵泵送,衬砌模板采用衬砌台车。

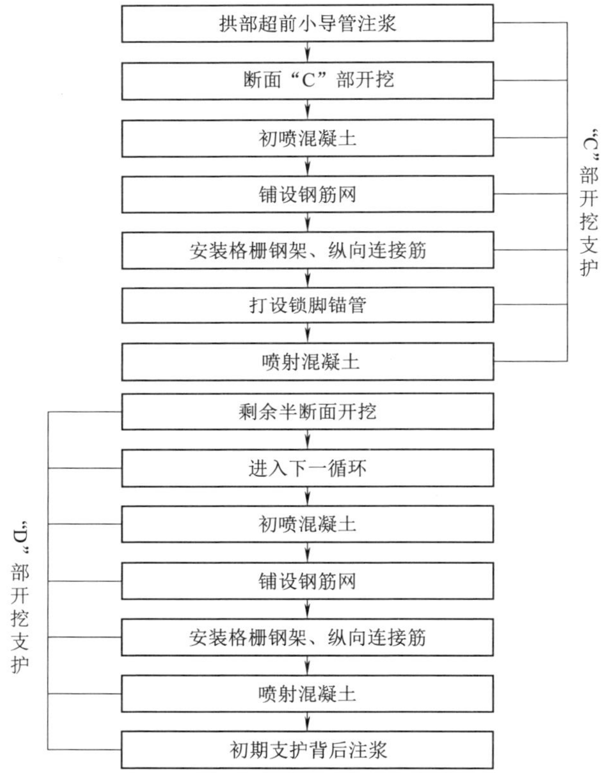


图3.6-4　CD法施工流程图

3. 台阶法施工工艺

首先开挖上台阶土体,开挖时上台阶应预留核心土。按照断面尺寸和炮眼布置图放出钻孔点位,然后采用风钻钻孔至设计深度,安装炸药和引爆装置。爆破后对不稳定易塌落的块石及时处理。上台阶土石方开挖后由小型挖掘机扒渣倒运至下台阶。开挖后及时施作初期支护,施作锁脚锚杆和系统锚杆,挂网喷射混凝土,控制围岩变形,提高围岩自身的承载能力。台阶法施工工艺流程如图3.6-5所示。爆破施工工艺流程如图3.6-6所示。

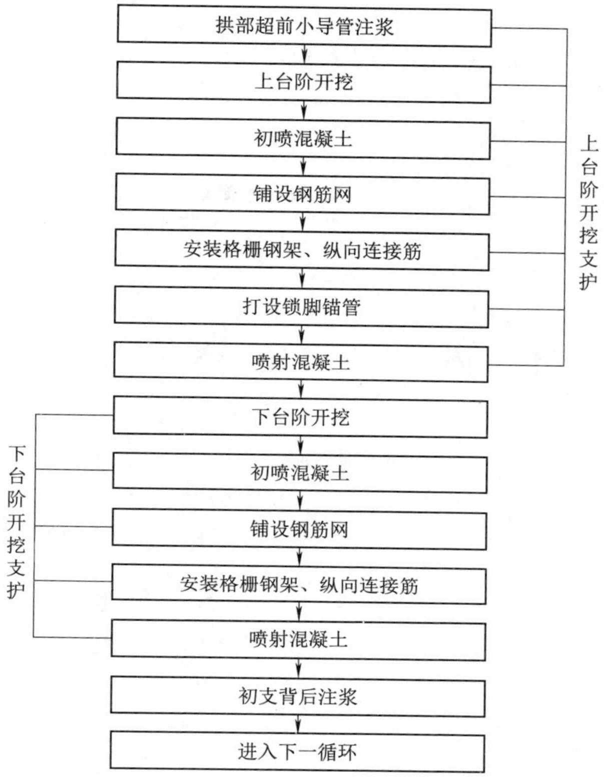


图 3.6-5　台阶法施工工艺流程图

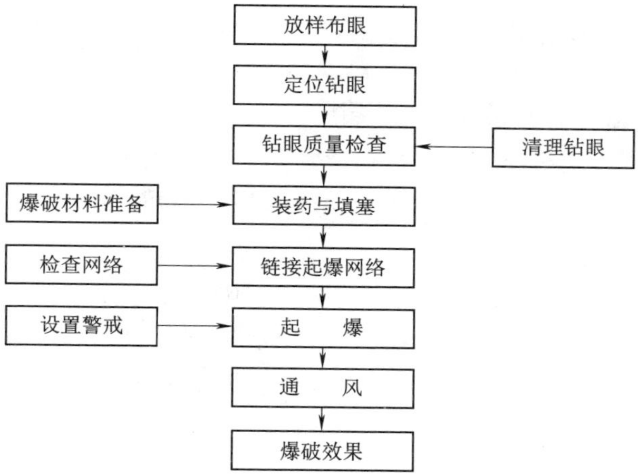


图 3.6-6　爆破施工工艺流程图

### 3.6.2 初期支护

区间暗挖断面支护形式采用复合式衬砌：初期支护为格栅钢架＋钢筋网＋250 mm（或 300 mm）厚 C25 喷射混凝土，二次衬砌为 300 mm 厚 C45 钢筋混凝土；仰拱厚 300 mm，支护参数详见表 3.6-1。

**表 3.6-1 支护参数表**

| 衬砌形式 | 围岩级别 | 总宽(m) | 初期支护参数 | 二次衬砌参数 |
|---|---|---|---|---|
| A | Ⅱ、Ⅲ 1、Ⅲ 2 | 6.9 | 局部 $\phi$25 注浆锚杆，长 2.0 m；局部 $\phi$8 钢筋网 200 mm×200 mm；C25 湿喷混凝土 50 mm/80 mm/100 mm 厚 | C45 模筑钢筋混凝土，300 mm 厚 |
| B | Ⅳ1、Ⅳ2 | 6.9 | 拱顶 150°超前小导管 $L$=2.5 m，环纵向间距 0.4 m×2.0 m；$\phi$8 钢筋网 200 mm×200 mm；格栅钢架，纵向间距 1 m；C25 湿喷混凝土 200 mm/250 mm 厚 | C45 模筑钢筋混凝土，300 mm 厚 |
| C | Ⅴ | 6.9 | 拱顶 150°超前小导管 $L$=3.0 m，环纵向间距 0.4 m×1.5 m；$\phi$8 钢筋网 200 mm×200 mm；格栅钢架，纵向间距 750 mm；C25 湿喷混凝土 250 mm 厚 | C45 模筑钢筋混凝土，300 mm 厚 |

区间隧道施工不仅要求支护本身安全可靠、经济，还要求支护迅速简便。锚喷支护对掘进速度的影响不可忽视，以钢架为主辅以喷锚的支护方式能加快掘进速度。

观科区间隧道采用湿喷工艺，湿喷机械手进行喷混凝土。Ⅱ、Ⅲ级围岩段开挖后初喷，局部打设系统锚杆复喷至设计厚度；Ⅳ、Ⅴ级围岩段，超前小导管注浆加固，台阶开挖后先初喷，挂网，架立格栅，复喷到设计厚度。

1. 喷射混凝土施工工艺

喷射混凝土施工采用湿喷混凝土工艺。湿喷混凝土工艺具有黏结性能好、一次喷射厚度可达 10 cm 且回弹率小的优点，能够保证初期支护和施工支护的质量，充分发挥围岩的自承能力。喷射混凝土采用湿喷机。作业时，混凝土在洞外由混凝土拌和站拌好，通过运料车送进洞内，空压机供风。湿喷混凝土施工工艺如图 3.6-7 所示。

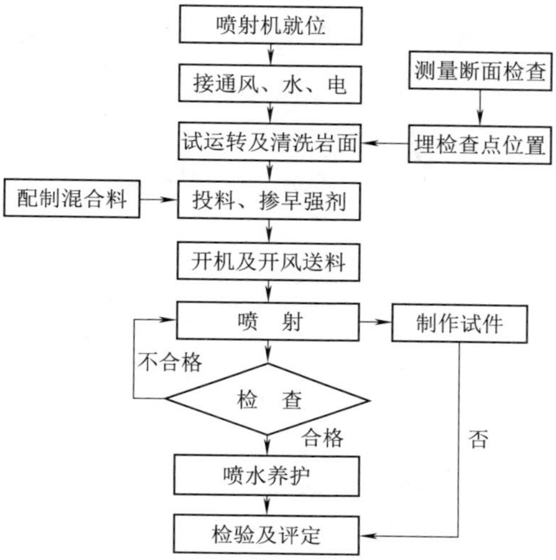


图 3.6-7　湿喷混凝土施工工艺流程框图

2. 锚杆施工工艺

中空注浆锚杆主要用来作系统支护。做法是:开挖后在拱部纵向打一圈锚杆,然后压注水泥砂浆,在隧道的拱部形成整体支护结构。中空注浆锚杆施工工艺如图 3.6-8 所示。

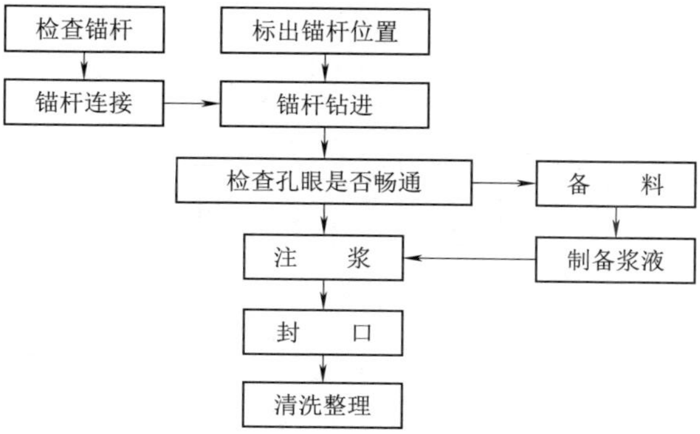


图 3.6-8　中空注浆锚杆施工工艺流程图

3. 钢筋网片施工工艺

系统锚杆施作完毕并初喷混凝土后进行钢筋网安设,用 $\phi 8$ 钢筋按设计尺寸 200 mm×200 mm 制作钢筋网片。用点焊牢固挂铺在格栅或锚杆上,网片搭接一个网格(200 mm)。采用双层钢筋网片时,应在第一层铺设好后再铺设第二层。根据被支护岩面的实际起伏现状铺设,与被支护岩面间隙 3 cm,钢筋网边缘处与锚杆连接用细铁丝绑扎或点焊,保证喷射混凝土时钢筋网不晃动,如图 3.6-9 所示。

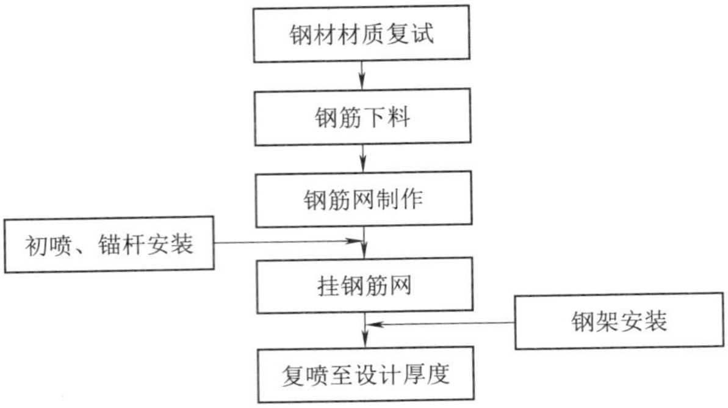


图 3.6-9 钢筋网安装施工工艺

4. 格栅钢架施工工艺

区间施工格栅钢架采用 HRB400/HPB300，钢架主筋 $\phi22$，连接筋 $\phi22$@1 m，超前小导管均应与格栅钢架可靠焊接，格栅安装施工工艺如图 3.6-10 所示。

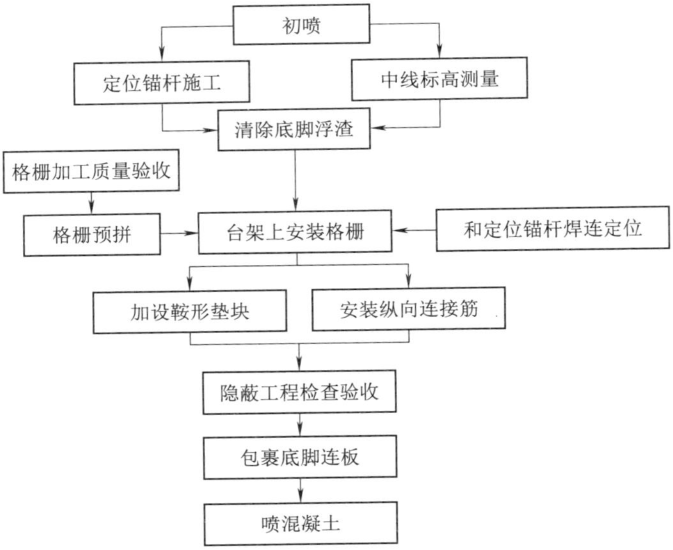


图 3.6-10 格栅安装施工工艺图

### 3.6.3 初期支护背后注浆施工工艺

为避免因初期支护与围岩之间存在空隙而引起围岩变形，在初期支护完成后，即对初期支护与围岩间的空隙进行填充注浆加固。同时进行堵水，保证防水板在无水条件下施作。

初期支护背后注浆加固时间视初期支护混凝土强度确定，采用初期支护完成一段立即注浆加固一段的方式进行。

初期支护背后注浆孔采用预埋管法，在隧道拱部及边墙范围内预埋 $\phi$42 钢管，环纵向间距拱部 2 m，边墙 3 m，纵向间距 3 m，梅花形布置，注浆深度为初期支护背后 0.5 m，注浆终压 0.5 MPa。初期支护闭合成环一定长度后，即对初期支护背后压注水浆泥。

注浆材料采用水泥浆，在水泥浆中添加 2%～3%的早强剂，浓度根据地质情况和试验确定。注浆采用先注墙腰孔，后注拱腰、拱顶孔顺序进行，注浆方法与超前小导管注浆施工工艺相同。控制措施：注浆过程中，严格控制注浆压力，防止出现结构变形、冒浆、危害地下构筑物及地面建筑物等异常现象的发生。当出现异常现象时，采用以下措施：降低注浆压力或采取间隙注浆，直到停止注浆。调整注浆实施方案。注浆结束的条件：背后压浆达到设计压力后稳定 10 min 便可结束注浆。

注浆效果检查：注浆结束后对注浆效果进行检查分析和判断。采用径向钻孔，检查注浆范围，测试注浆加固体强度。

### 3.6.4　区间隧道二次衬砌施工工艺

二次衬砌施工主要包括仰拱地段施工、隧道防水施工、隧道钢筋施工、混凝土运输、二次衬砌模板、二次衬砌混凝土施工和混凝土养护，主要施工流程如图 3.6-11 所示。仰拱施工工艺如图 3.6-12 所示。模板台车浇筑混凝土工艺流程如图 3.6-13 所示。模板台车定位流程如图 3.6-14 所示。

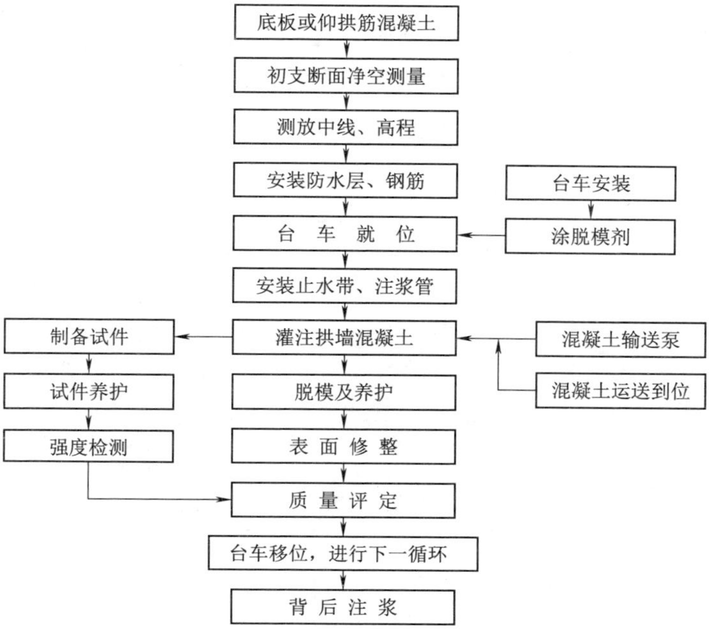


图 3.6-11　二次衬砌施工工艺

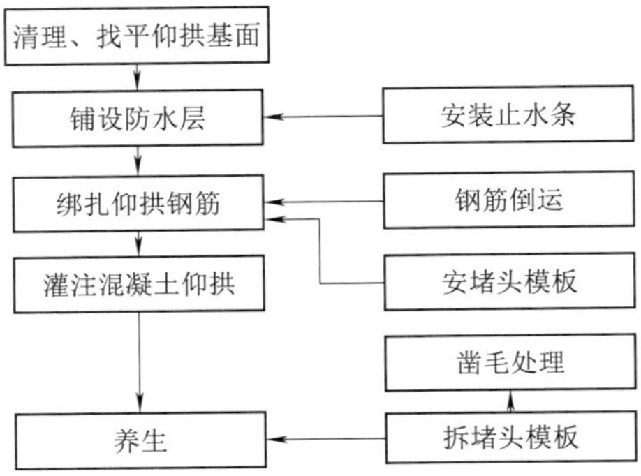


图 3.6-12 仰拱施工工艺流程图

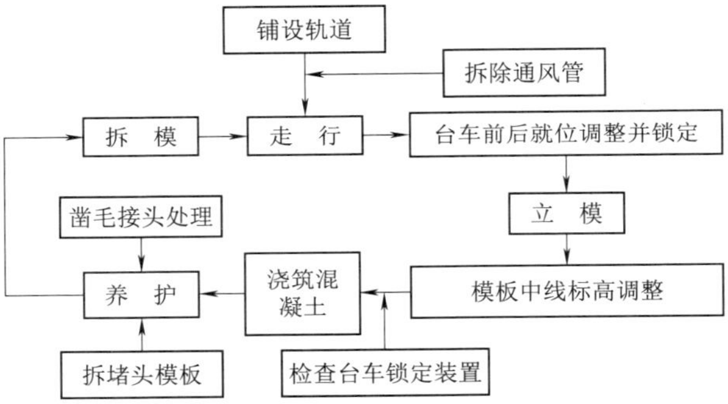


图 3.6-13 模板台车浇筑混凝土工艺流程

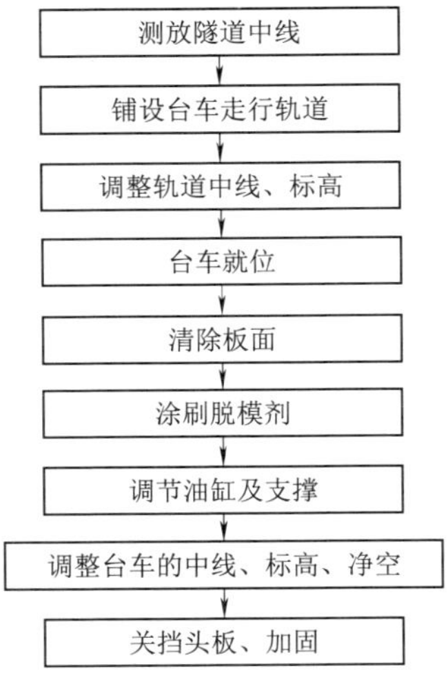


图 3.6-14 模板台车定位流程

满堂脚手架搭设施工工艺如下：立杆定位→摆放纵向扫地杆→立杆与纵向扫地杆扣紧→安装横向扫地杆，与立杆扣紧→逐层安装横纵杆及剪刀撑→铺设脚手板→安装防护装置→绑扎拱墙钢筋→桁架定位安装→钢模板支设→监理验收。

侧墙模板工艺流程如图 3.6-15 所示，支架模板安装顺序如图 3.6-16 所示。

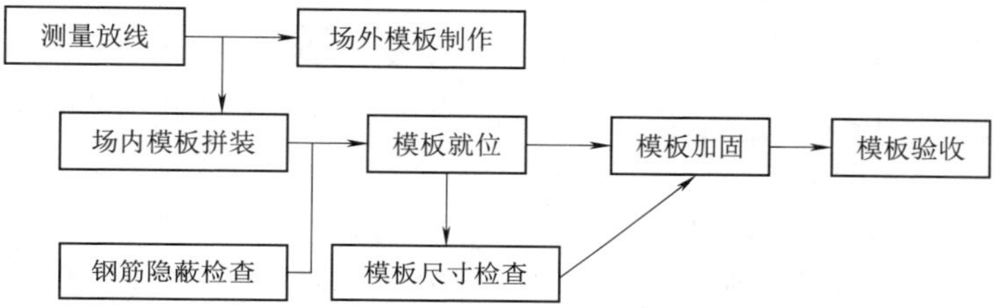


图 3.6-15　模板工艺流程图

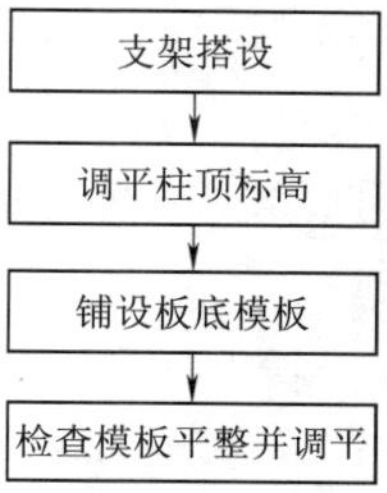


图 3.6-16　支架模板安装顺序图

## 3.7　渡线明挖主体结构施工

观科区间渡线段明挖主体结构梁、板、墙、柱采用 C45 混凝土，抗渗等级大于 P10；底板垫层采用 150 mm 厚 C20 素混凝土，墙与围护结构之间回填混凝土采用 C20 素混凝土。主要施工工艺如图 3.7-1 所示。

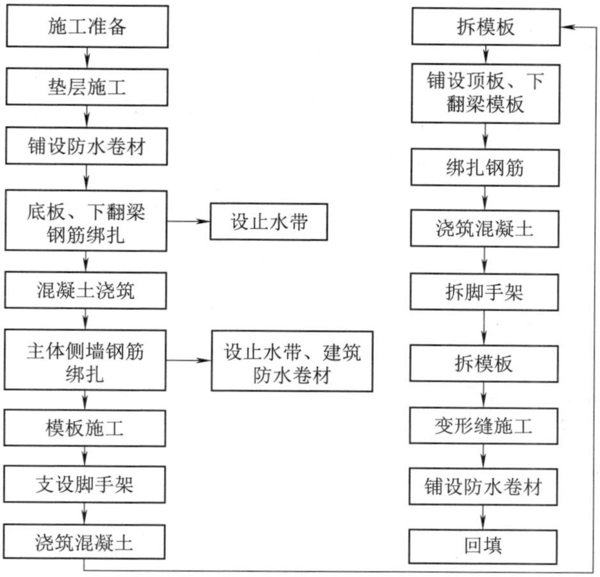


图 3.7-1　渡线明挖主体机构施工流程图

## 3.8 永久横通道、临时横通道施工

区间分别于右 DK34＋280.000、右 DK34＋580.000、右 DK35＋055.813、右 DK35＋400.000、右 DK26＋948.369、右 DK37＋250.000 设置 1～6 号联络通道，其中 6 号通道与区间泵房合建，区间于右 DK33＋812.852 设置渡线明挖斜井，右 DK34＋580 设置新增 2 号斜井，右 DK35＋055.813 设置区间风井，右 DK35＋948.369 设置 1 号斜井，右 DK36＋576.000 设置新增 1 号竖井，均采用矿山法施工。

为优化组织施工，区间分别于右 DK34＋000、右 DK35＋620、右 DK35＋786、右 DK36＋129 设置 1～4 号临时横通道，其中 1 号临时横通道在渡线明挖斜井，2～4 号临时横通道在 1 号斜井。横通道设置如图 3.8-1 所示。

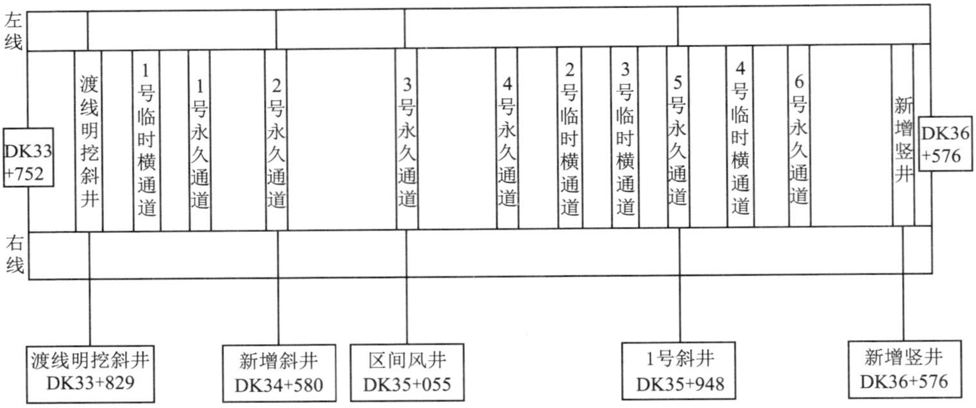


图 3.8-1 观科区间横通道设置位置示意图

永久联络横通道施工工艺：混凝土回填（1、4、6 永久联络通道）→底板、矮边墙→左、右正线拱墙施工→边墙、消防门柱→拱部、消防门梁。

临时横通道施工工艺：左侧砌封堵墙→墙后回填土方沙袋→钢筋网片安装、喷混凝土→左线拱部浇筑→回填土方→砌封堵墙→回填沙袋、土方→砌封堵墙→右线拱部施工。

# 第4章　暗挖区间多工作面快速施工组织

## 4.1　暗挖区间隧道工作结构分解

为科学组织工程项目实施，需首先进行工作结构分解，明确工程项目所包括的工作范围。

项目的工作结构分解，就是指按照系统论的原则，将某类或者具体某个项目的工作内容依据一定的规则和方法进行分解，得到实施项目的具体工作内容，以实现项目的目标。工作结构分解的主要成果就是工作结构图。

(1)工作分解的目的

工作分解是进度计划编制的重要工作之一，合理的工作分解结构可以在很大程度上保障项目的顺利实施。具体来说，工作结构分解的主要目的有以下几种：由大到小地展现整个项目的具体工作内容，明确各个工序之间的相互关系；为后续的人力资源、建筑材料及其他资源的确定提供支持；有利于分清主次，把主要精力集中在重要的工序上；有利于项目的进度控制和项目反馈等。

(2)工作分解的原则

权变原则强调根据具体情况选择合理的应对方法。工作结构的分解也没有普遍适用的统一的准则。但是，工作结构的分解应与项目的组织结构、项目的自身特点、工作分解结构以及项目实施者的特点等因素相结合，同时要保持在内容上的完整性，逻辑上的严密性以及施工过程的合理性。

(3)工作分解的方法与工具

目前常用的工作结构分解方法是一种类似于树状图的工序结构图。一般来说，自上而下将具体某个项目划分为若干个等级和部分，从内容上说上级由下级构成，各个下级之间相互独立，易于核算和检查。同时，为各个工序提供了不同的编码，将工序在整个项目中的位置和功能唯一的表示出来。地铁暗挖区间工作结构分解如图4.1-1所示。地铁暗挖区间工程量见表4.1-1。

青岛隧道8号线隧道观科区间施工地段，采用上下台阶施工方法与全断面开挖法，按照地下工程“时空效应，支撑替换”的原理。从安全的角度来看，尽量缩短台阶的长度，遵循“短开挖、强支护、快封闭、勤量测”的原则，确保施工安全。在安全的限度内，为缩短施工工期，提高隧道循环进尺，缩短循环时间，需要通过优化施工技术方案，优化施工组织，重视细节管理，充分利用既有设备，增加劳动力投入并合理安排施工组织，开创多工作面平行作业，最大限度容纳资源，从而提高隧道循环进尺，又相对地缩短循环时间。控制各工序施工质量，贯彻执行标准化作业，快速、安全、高效完成工程施工任务，称为快速施工。

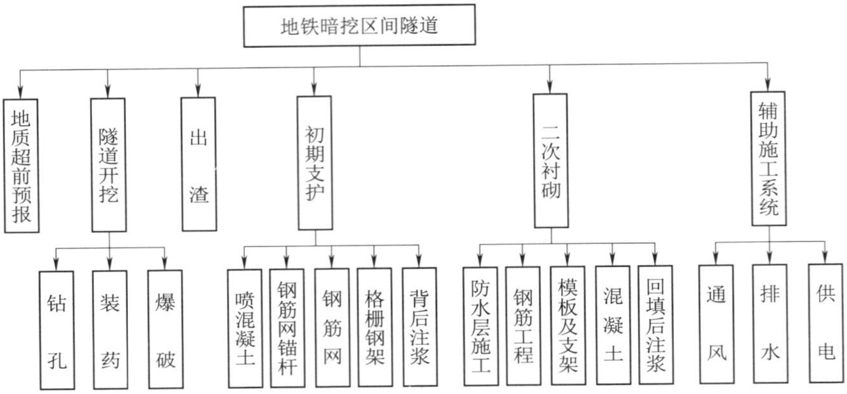


图 4.1-1 青岛 8 号线观科段地铁暗挖区间工作结构分解图

**表 4.1-1 区间正线工程量表**

| 序号 | 项目 | 单位 | 数值 | 备注 |
| --- | --- | --- | --- | --- |
| 1 | 石方超挖 | $m^3$ | 3 453.130 | 石方开挖 |
| 2 | 石方 | $m^3$ | 203 975.907 | |
| 3 | 格栅钢架(HRB400/HPB300) | t | 3 121.833 | 初期支护 |
| 4 | 钢筋网片(HPB300) | t | 284.312 | |
| 5 | 喷射混凝土(C25) | $m^3$ | 29 135.788 | |
| 6 | $\phi$25 中空注浆锚杆 | m | 101 181.800 | |
| 7 | 超前小导管($\phi$42、$t$=3.25 mm) | m | 188 525.688 | |
| 8 | $\phi$25 中空注浆锚杆 | m | 101 181.800 | |
| 9 | 超前小导管($\phi$42、$t$=3.25 mm) | m | 188 525.688 | |
| 10 | 超前小导管浆(1∶1水泥浆) | $m^3$ | 9 426.284 | |
| 11 | 格栅锁脚锚管($\phi$32) | m | 77 010.409 | |
| 12 | 锁脚锚管注浆(1∶1水泥浆) | $m^3$ | 3 850.520 | |

续上表

| 序号 | 项　　目 | 单位 | 数　　值 | 备　注 |
|---|---|---|---|---|
| 13 | 混凝土 C45,P12 | $m^3$ | 30 214.891 | 主体结构 |
| 14 | 钢筋(HPB300/HRB400) | t | 4 644.207 | |
| 15 | 二次混凝土回填(C20 混凝土) | $m^3$ | 0.000 | |
| 16 | 衬砌背后预留注浆管($\phi$32) | m | 5 484.240 | |
| 17 | 衬砌背后注浆(1∶1水泥砂浆) | $m^3$ | 1 523.440 | |
| 18 | 底板 70 mm 厚 C20 细石混凝土保护层 | $m^3$ | 2 539.000 | 防水工程 |
| 19 | 1.5 mm 厚预铺式高分子自粘胶膜防水卷材 | $m^3$ | 111 716.000 | |
| 20 | 400 g/$m^3$ 的短纤土工布 | $m^3$ | 111 716.000 | |
| 21 | 丁基橡胶腻子镀锌钢板止水带 | m | 20 312 | |
| 22 | 中埋式钢边橡胶止水带 | m | 11 347.6 | |
| 23 | 水泥基渗透结晶防水涂料(用量不小于 1.5 kg/$m^2$,厚度不小于 1.0 mm) | $m^3$ | 6 093.600 | |
| 24 | 外贴式橡胶止水带 | m | 176 | |
| 25 | 聚硫密封胶(2 cm×2 cm) | m | 176 | |
| 26 | 1.0 mm 厚不锈钢板接水盒 | m | 176 | |
| 27 | 变形缝衬垫板(2 cm 厚) | $m^3$ | 52.8 | |
| 28 | 防杂散电流 | 项 | 1 | 防杂散电流 |
| 29 | A 型槽道(2.3 m/个) | 个 | 5 078 | 预埋槽道 |
| 30 | B 型槽道(0.9 m/个) | 个 | 5 078 | |
| 31 | C 型槽道(2.2 m/个) | 个 | 5 078 | |

平行作业应用到地铁隧道施工作业线中,就是在确定任务目标后,各个工序以降低施工耗时为主线,以完成工程的目标质量为内容,以地铁隧道为实施体,通过对施工机械的平衡与施工技术人员的配合来进行施工的行动机制。“强配合、促平衡、高速度”是地铁隧道综掘作业平行施工的重点。强配合表现在施工过程中,外部资源要全力配合井下综掘作业,各主要负责人之间要加强沟通,促进施工管理人员命令的上传下达促平衡是为了制约在隧道施工管理中各个人员之间的责任矛盾关系,保证任务的逐级下达,同时强调施工管理人员及施工人员之间的团队协作精神高效率的目的是使得在隧道施工总资源实现密切配合及各责任人员权利相互平衡后,加强各施工模块的熟练程度,降低施工总耗时,达到高速度的责任目标。

在地铁隧道综掘作业线的施工中，施工各工序之间往往独立进行，实行串联式管理模式。管理层人员之间责任不清晰，各管理人员之间信息不共享，会造成一些工序之间的长耗时、高返工率。平行作业的目的是要强调各责任人员的交接工序制度、信息共享平台、直接组织管理施工平行作业的意识。在施工中建立强有力的施工报告机制，避免由于信息、责任的低效性造成的施工耗时风险机制存在。综掘作业线各工序之间的平行作业主要目标是避免工序之间的矛盾，实行各工序施工时间交叉的最优化。各工序之间的矛盾包括工序之间的前后关系，施工人员、机具、空间的限制。各工序之间的前后关系是指，后一工序的实施必须要在前一工序施工结束之后，这种关系的出现很难造成工序间的平行作业，这些工序在时间上为互斥工序，需要同其他时间上相互包含的工序实现平行作业施工人员、机具、空间的限制也是影响各工序之间平行作业的矛盾方面。

开挖面的地质条件不尽相同，综掘作业掘进速度不同，配套作业线施工时间根据掘进速度总耗时时长也不同。在制定平行作业方式的过程中，要依靠施工现场条件、人员条件、施工机具进行科学编排。

观科区间隧道采用复合式衬砌。初期支护主要由锚杆、钢筋网、格栅钢架、喷射混凝土组成；二次衬砌标准断面段采用整体液压式衬砌台车施工，风机段、转辙机段、渡线段、人防段采用支架现浇法施工。观科区间正线隧道主要作业线有开挖、出渣、初期支护和二次衬砌。在掌子面，开挖、出渣和初期支护 3 个工序循环作业。二次衬砌滞后掌子面约 150～200 m，跟进施工。开挖、出渣、初期支护和二次衬砌 4 条主要作业线以及通风排水等辅助作业线，组成了整个施工过程。

压缩工序衔接时间，可以加快工程进度。工序衔接时间在通常生产中占了大部分循环时间，究其主要原因有以下两点。

(1)上道工序工作完成不彻底。如爆破欠挖不能及时处理、找顶不彻底，影响初期支护和出渣作业；出渣时工作面留渣太多，钻眼时又大量翻渣清理掌子面；喷锚支护留下太多锚杆头，在防水层施工前又花大量时间处理锚杆头等。加之不属同一工序，作业内容不同，生产工具不适合，会成倍地浪费时间。

(2)上道工序作业时损坏的设备没得到及时维护，影响下道工序的生产。尤其对风水管电线的毁坏给其他工序带来的影响最大，同时同一工序不同工班间机械设备的不及时报告维护，都会造成大量的时间损失。针对这些问题，要采取技术措施来压缩工序衔接时间，尽可能实现作业面零中断。

观科区间线路较长、接口多，不可预见的因素多，周边环境对施工标准的要求高。多工作面隧道的爆破掘进施工、初期支护、出渣与二次衬砌施工的平行作业，导致组织协调难度较大。快速、顺利完成以上工作，是本项目施工管理的重点。

## 4.2　暗挖区间多工作面快速施工组织

施工组织是指对工程系统内所有生产要素进行合理的安排，以最佳的方式将各种生产要素结合起来，使其形成一个协调的系统，从而达到作业时间省、物资资源耗费低、产品或服务质量优的目标。

在地铁隧道施工中，常见的组织形式有顺序作业组织、平行搭接作业组织和流水作业作业等，它们的特点和效果是不同的。

1. 顺序作业组织

将隧道施工分成开挖、初期支护、二次衬砌等几部分时，选择顺序作业，组织形式是完成一道工序再做下一道工序，沿施工顺序进行。这种施工组织最大的特点是施工干扰少，同时投入的资源少，施工组织管理简单，最大的缺点是施工工期长。

2. 平行搭接作业组织

平行搭接作业，它既有搭接作业的优点，同时紧后工序可以提前插入施工。这种作业施工速度快，不仅没有工序之间干扰，还可避免斜井施工出现倒序，比较符合实际情况，容易组织。

平行搭接作业的关键是搭接时间的确定，搭接时间是指确定紧后工作插入的开始时间，而且不同形式的搭接，计算插入开始时间是不同的。常用的搭接形式有以下四种：

设：A 工作、B 工作，A 是紧前工作，B 是紧后工作，两个工作的搭接形式如下。

第一种：A 开始工作后 B 工作提前插入，如图 4.2-1(a)所示。图中 $t$ 为搭接时间，也是 A 开始工作与 B 开始工作的时间间隔，人为确定。称这种 A 搭接形式为 A 工作开始到 B 工作开始。B 工作最早开始时间＝A 工作最早时间－$t$。这种搭接形式较为常用，紧前工作创造出工作面让紧后工作开始，加快施工进展。

第二种：A 工作完成后多长时间 B 工作开始，称这种搭接为紧前工作完后紧后工作开始，如图 4.2-1(b)所示。B 工作最早开始时间＝工作完成时间＋$t$。这种搭接常用于两工作之间的技术间歇后再施工，技术间歇时间是两个工作之间的时间间隔。

第三种：A 工作完成后多长时间 B 工作完成，这种搭接为紧前工作完后紧后工作完成，如图 4.2-1(c)所示。B 工作开始时间＝A 工作完成时间＋$t$－B 工作的工作时间。这种搭接形式是控制紧后工作超前而产生倒序。

第四种：A 工作开始后多长时间 B 工作完成，这种搭接需确定紧前工作 A 开始与紧后工作 B 完成之间的时间间隔，如图 4.2-1(d)所示。B 工作开始时间＝A

工作开始时间$+t-$B工作的工作时间。用于两个工作平行作业，而B工作受A工作的制约时的搭接形式。这种搭接形式中的搭接时间，也就是两个工作之间的时间间隔，是人们根据施工的要求和进度的要求事先确定的，而两个工作的工作时间，紧前工作的开始时间是事先确定，因此紧后工作的开始时间就可以计算而得。

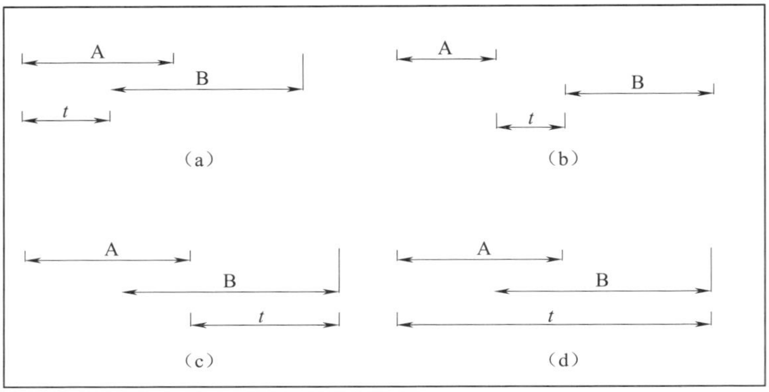


图 4.2-1 平行搭接作业

3. 平行流水作业组织

(1)平行流水作业优越性

采用流水作业组织就是将拟建的工程对象划分为若干施工段，某一工种的工人队组先在第一施工段完成第一道工序，再转移到第二段完成同一道工序，同样，另一工种的工人队组紧跟其后，依次在各施工段完成下一道工序。如此类推，像流水一样前进，直到完成全部工程为止。它是以施工专业化为基础的，优点在于前一道工序可迅速为后一道工序让出工作面，从而加快了工程进度各队组在各施工段上连续均衡施工，可以合理地使用劳力、材料和机具，避免出现短期的高峰现象模板及支撑等辅助材料，能在各施工段周转使用。此外，工人连续进行同一种工作，有利于保证质量和劳动生产效率。

流水作业组织，多用于多工作面施工条件下，它是平行作业法和顺序作业法相结合的一种搭接施工方法，它保留了平行施工和顺序施工的优点，消除了它们的缺点。在工序相同的多工作段的施工安排中，其优越性是显而易见的。

(2)采取流水作业施工要点

①要将施工对象的施工过程分解成若干道工序，确定出各工序的作业时间简称流水节拍。最后使各工序尽量做到连续作业，使各工序的工作面不空闲，工人不窝工，达到均衡施工的目的。

②要组织施工专业队。保证施工中的两种连续：一是工人队组从一个施工段转移到另一个施工段，连续进行同一种工作，不发生窝工现象；二是在同一施工段上，各工种工作队组连续作业，不发生工作面空歇现象。如果两种连续同时满足，工人工效得到充分发挥，工作面得到充分利用，工期就得以缩短，此为最理想的流水作业，也达到了加快施工速度的目的。

青岛地铁 8 号线观科暗挖区间施工组织平面如图 4.2-2 所示，地铁隧道施工时以渡线斜井、新增 2 号斜井、风井、1 号斜井、新增 1 号竖井五个主通道形成五个施工区段进行施工，每个施工区段双向四个工作面同时施工，五个施工区段形成相对独立的通风、供电、排水和区间隧道施工等系统。因此本文主要分析每个通道下的双向四个工作面的施工组织。

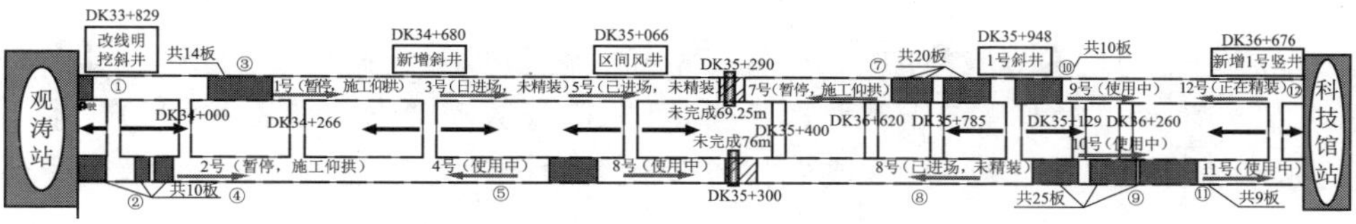


图 4.2-2　观科区间施工组织平面图

观科区间全线的仰拱施工、衬砌施工采用流水作业组织。观科区间在隧道掘进过程中采用第一种平行搭接形式，在安排开挖与衬砌平行工作时衬砌提前插入施工，是控制紧后工作超前而产生倒序时使用。利用平行搭接作业形式，开挖横通道实现衬砌与开挖平行交叉作业，充分利用时间和空间，加快施工进展、减少施工干扰，充分利用资源，同时还可以提高管理水平，避免因作业安排不当产生的窝工现象，做到有条不紊的施工。

地铁暗挖区间隧道多工作面施工是一个复杂的系统工程，随着岩石条件的变化，施工工艺和施工组织随之调整变化。本书主要以 1 号斜井施工区段为例分析开挖、出渣、初期支护、二次衬砌等主要工序的施工组织优化方法，其中出渣工序中出渣设备体积较大，对整个施工过程耗时影响大，因此本章重点研究出渣设备的优化选择及对应的通风、排水、供电等辅助作业的优化设计方法。

### 4.2.1　劳动力总体配置方案

地铁隧道施工劳动力组织的指导思想是：一是分工与协作能够密切结合；二是使作业组织分工落实，目的是提高劳动生产率。劳动力组织内容主要有以下几方面：

(1)施工作业队的组织形式。地铁隧道施工中开挖工序由开挖专业队承担，混凝土衬砌工序由混凝土专业队承担等，专业化程度高，技术熟练，便于专业技能的提高，从而提高劳动效率。

(2)劳动力的配备体现每个劳动者“满负荷”的工作。充分体现劳动者“满负荷”工作必须在劳动者的组织上满足以下三个条件。

第一，保证每个劳动者最小的工作面。用最小工作面配备劳动力可使每个劳动工作过程中互不干扰，充分发挥每个劳动力的工作效率，可以提高劳动生产率。用保证每个劳动者最小工作面确定参加施工的人数：施工作业面上可容纳的人数＝最小施工作业面/每个劳动者所需的最小工作面。每个劳动者所需的最小工作面通过实测确定，根据不同工种、使用工具不同确定。

第二，配备劳动者时技术等级比例适中。不同技术等级的劳动者搭配合理可充分发挥每个人的工作效率。根据工程技术复杂程度确定技术等级的比例。例如，混凝土工种技术等级高的配备少些，钢筋工种技术等级高的配备多些，每个工种工班劳动者的技术等级比例合理恰当，可以避免劳动者做与之不相符的技术工作，浪费人才同时使工费增加，或者技术等级低的劳动者做技术高的工作，不能保证质量和进度。所以，要求做到不同工种每个劳动的技术等级搭配比例合理，才能体现出劳动组织的优化。

第三，各工种之间劳动者配备比例合理。确定各工种参加施工人数时，考虑在隧道施工过程中，各工种劳动者的工作量是“满负荷”运行，使各工种在工作时间内能不间断地、连续地施工。例如地铁隧道施工主要分为开挖工班和混凝土衬砌工班，这两个工班人数的配备，保证它们之间工作互不影响，不能出现因前道工序没有创造工作面，使后道工序停工。所以在配备开挖工班人数时，考虑衬砌工班正常工作。配备衬砌工班人数时考虑一旦工作面立马完成，使它们在工作时间内能够不间断地、连续地施工，避免工种之间不协调，造成后道工序停工的现象。

第四，施工队、班组配备人数满足施工工艺的操作最少的人数要求。劳动者的组织考虑施工工艺操作最少人数的要求，目的是确保质量和工期的要求。隧道施工过程中开挖工序主要包括风枪手、爆破工初期支护等，例如初期支护最少配备机械操作人员、上料人员喷手及运料人员，必须配齐才能正常工作，这是工艺要求。

根据观科区间的施工任务、工程特点、工期要求、投入的机械设备，组成钻爆(开挖)、运输、支护、衬砌等机械化作业线，实行弹性编制，按工序循环作业；区间设开挖支护班、衬砌班、保障班，负责该区间的开挖、初期支护、二次衬砌结构的施工；设 3 支防水专业分包队伍。区间高峰施工人数为 595 人，施工劳动力安排见表 4.2-1。

表 4.2-1　劳动力配置表

<table>
<tr><th colspan="3">人员及组别</th><th>人数</th><th>职责分工</th></tr>
<tr><td rowspan="11">观科区间</td><td rowspan="4">开挖支护班</td><td>钻爆组</td><td>140</td><td>钻爆或人工配合机械开挖</td></tr>
<tr><td>出渣组</td><td>60</td><td>扒渣、运渣</td></tr>
<tr><td>支护组</td><td>90</td><td>超前小导管、加工立设钢拱架、锚杆、挂网、喷混凝土</td></tr>
<tr><td>风水组</td><td>20</td><td>供水、排水、供高压风、通风、管道延伸与维修保养</td></tr>
<tr><td rowspan="3">衬砌班</td><td>防水班组</td><td>90</td><td>焊接、铺设防水板</td></tr>
<tr><td>钢筋加工组</td><td>75</td><td>钢筋加工、绑扎、焊接</td></tr>
<tr><td>混凝土浇筑组、拆立模组</td><td>75</td><td>开混凝土输送泵，安装、拆卸管路，混凝土浇筑、振捣；拆模、立模、安装止水带、模板整平及刷油</td></tr>
<tr><td rowspan="3">保障班</td><td>运输组</td><td>20</td><td>各种材料运输、汽车保养</td></tr>
<tr><td>电工组</td><td>10</td><td>电气设备安装与维修</td></tr>
<tr><td>机修组</td><td>15</td><td>各种机械设备维修</td></tr>
<tr><td colspan="2">小计</td><td>595</td><td></td></tr>
</table>

### 4.2.2　主要工序平行作业施工组织

隧道的开挖需根据隧道长度、断面大小、结构形式、工期要求、机械设备、地质条件等选定，开挖必须与支护、衬砌施工相协调。

(1)隧道小里程方向右洞掌子面掘进超前左洞掌子面掘进一个循环。在围岩较好的地段(Ⅱ级、Ⅲ级围岩)开挖后，不需立即进行支护，考虑左洞会进一步影响围岩，仍须进行初喷混凝土。综合安全和快速施工的要求，初期支护滞后工作面约2倍洞径的距离，这样就形成了开挖掘进与初期支护平行作业的状态，大大缩短了工作面作业的时间，提高了掘进速度。

(2)装渣与初期支护平行作业。在采用台阶法开挖段，按照断面尺寸和炮眼布置图放出钻孔点位，然后采用风钻钻孔至设计深度，安装炸药和引爆装置。起爆后首先开挖上台阶土体，对不稳定易塌落的块石及时处理。随后，将开挖后上台阶的土石方用小型挖掘机扒渣倒运至下台阶，给上台阶支护留出施工作业空间。在上台阶开挖支护施工的同时，下台阶用挖掘机、翻斗车进行装渣出渣。这样便形成了上台阶支护、下台阶出渣的平行作业。如图 3.6-5 所示，开挖后上下台阶及时施作初期支护，初喷混凝土，挂网，安装格栅钢架纵向连接筋、打设锁脚锚管，控制围岩变形，提高围岩自身的承载能力。在断面开挖即将结束时，出渣完成时间较长，且要对掌子面危石进行清理，这段时间可以进行地面混凝土的拌和及施工机具的准备工作，为完成下一混凝土喷射工序做准备。

(3)Ⅱ级围岩采用全断面法，循环进尺 1.5 m，Ⅲ～Ⅳ级围岩循环进尺 1 m，Ⅴ级围岩循环进尺 0.75 m。按爆破作业施工标准规定，允许放炮时间为 7:00～19:00，Ⅳ、Ⅴ级围岩采用上下台阶法施工时，按表正常施工顺序作业时间分析，每天只能进行一个循环的掘进，导致掘进施工进度缓慢。通过对掘进爆破作业工序搭接进行合理的优化，上下台阶法爆破掘进施工可实现每天两个循环，有效得提高了每天的掘进距离，保证工程工期。统计第一天掘进工序搭接，安排如下：

①上下台阶开始进行炮眼装药，放第一炮(耗时 60 min)。

②上台阶出渣，下台阶不动，将上台阶的渣石扒到下台阶，下台阶的拱脚、边墙填实爆下的渣石(耗时 60 min)。

③上台阶钻眼、装药。下台阶不动(耗时 150 min)。

④上台阶放第二炮，上下台阶开始进行共同出渣(耗时 210 min)。

⑤上下台阶出渣完成，开始进行上下台阶初期支护立架喷混凝土(耗时 240 min)。

⑥初期支护完成，进行上下台阶钻眼(耗时 180 min)。

第一天开挖掘进多进行了一个上台阶爆破作业，所以第二天先进行下台阶爆破，然后再进行上下台阶共同爆破，这种作业搭接模式相当于两天 3 个循环，将一天 1 个循环提高到了一天 1.5 个循环，提高了掘进工程速度。在Ⅱ-Ⅲ级围岩全断面施工采用光面爆破，无须进行立架，节省了初期支护立架的时间，光面爆破后进行岩面处理后，可直接进行喷混凝土。挖机、钩机、自卸车的合理配合能有效缩短出渣时间。上下台阶钻爆施工后，首先通过挖机找平，将下道的渣石铺平，以便钩机可以爬上下台阶。钩机将上台阶拱脚与边墙的石渣扒至下台阶，挖机将下道的石渣挖运到自卸车反斗中。

(4)如果采用正常的顺序搭接作业，依次进行铺设防水层、安装钢筋层，再进行模板台车衬砌。铺设防水层和安装钢筋层两道工序会增加衬砌作业循环时间，延缓衬砌施工进度。本工程二次衬砌采用平行流水作业，防水层及钢筋作业先行提前施工。架设平行的三个台车，防水工、钢筋工和模板工分别在简易台架防水台车、简易台架挂筋台车和全液压钢模板隧道衬砌台车上进行同时作业，防水施工超前钢筋安装，钢筋安装超前模板注浆养护，实现了二次衬砌各工序的平行流水作业，缩短了单循环二次衬砌施工的施工时间。

#### 4.2.3 多工作面地铁隧道机械化配套

隧道机械化配套是指在实体工程中根据工程需求，确定使各单机发挥最佳作业性能的最优组合。机械化配套对机械类型、数量进行优化配置，形成机群施工能力，实现最优工作效率和较低作业成本。

由于观科区间暗挖隧道工期时间紧、施工工艺复杂和多工作面复杂的施工环境等诸多难点，且需要根据不同里程的围岩情况，选取不同的施工工艺来进行施工。因此在隧道施工中，合理的机械化配套方案将是决定施工进度的关键环节，它对加快施工进度，节约生产成本，提高工程的经济性和安全性有重要意义。

考虑观科区间各级围岩占比(表 4.2-2)和工程实际，即：台阶法施工时上下台阶同时开挖，且二者施工工序会错开以达到资源的合理配置；为减小上下台阶施工相互干扰，提高施工速度，上台阶初期支护先于下台阶进行，且上台阶立架、喷混凝土作业的时间一般是大于下台阶的。

**表 4.2-2　青岛地铁 8 号线观科区间正线围岩情况**

| 围岩等级 | Ⅴ级 | Ⅳ级 | Ⅲ级 | Ⅱ级 |
| --- | --- | --- | --- | --- |
| 长度(m) | 668.1 | 842 | 350 | 1 029.5 |
| 比例(%) | 23 | 29 | 12 | 36 |

根据现场配备机械就高不就低的原则，本节主要研究 1 号斜井隧道里程范围内的Ⅳ级～Ⅴ级围岩上台阶机械化配套。重点对其机械单机工作特性、协同工作特性进行研究。建立数学模型并计算出最优机械设备数量及辅助设备的配套情况，提出最优的机械化配套方案。

1. 机械化配套影响因素

选择性能良好、适用于现场施工的机械设备是保证快速施工、提高工程经济性和安全性的基础。但施工机械必须进行科学合理配套才能达到理想的施工效果。影响观科区间地铁隧道机械化配套的因素很多。其中主要考虑的因素有：

(1)工期要求。

观科区间地铁隧道要求在 25 个月内与二标段贯通，工期压力大。隧道机械化配套必须满足工期要求。在工程地质条件较好的情况下，施工机械化程度越高，施工效率就越高，施工进度也越快。施工单位为了在工期内保质保量完成工程任务，要投入性能好、产量高的施工机械。且各种机械在产能上要做到互相匹配，防止出现高产能机械迁就低产能机械产生的瓶颈制约，造成部分设备生产能力得不到充分发挥。

(2)施工环境

观科区间线路较长、接口多，设置斜井 3 座、竖井 2 座，配合区间正线施工，线路曲线半径小($R$=500 m)，开挖工法转换较多。机械配套施工组织难度大，施工风险高。区间开挖出渣等工序采用斜井坡道倒运，风井垂直提升，且洞内各施工组织平行流水作业，相关工序机械配置协调难度较大。

机械配套和施工方案密切相关，观科区间隧道选用手持风动凿岩机、喷射机组、挖掘机、装载机、运输自卸车、衬砌模板台车等机械。要围绕这些设备进行合理的机械化配套，实现开挖、出渣、支护和二次衬砌主要作业线的有机配合，达到快速施工的目的。隧道通风以压入式通风为主，以此配备大型通风设备；顺坡段利用单侧排水沟自然排水至集水坑，反坡排水段利用排水设备防范突水风险。

2. 机械化配套原则

设备选型是指设备性能、规格、型号和厂家等方面的选择，它是机械化配套的前提。对于隧道施工而言，其根本保障在于施工机械设备的好坏，没有性能良好的施工机械，施工方案仅为一纸空文，施工进度不能得到保证。

隧道施工机械设备的选型必须考虑施工环境、施工方法和经济成本等因素。总结观科区间隧道施工机械设备选型原则如下：

(1)针对不同的施工工序按专业化组织流水作业，以性能好、效率高、机况良好的大型设备装配开挖、出渣、支护和二次衬砌这4条主要作业线，用机械化程度的提高来实现隧道施工的稳产、高产。

(2)机械选型时，选用大功率、有增压器、有害尾气排量放低的机械，以电动、风动、液压为首选，降低尾气污染，降低长距离通风难度。

(3)施工机械与施工方法匹配，既要考虑围岩较好时施工速度快的要求，又要兼顾地质较差时的应变方法；施工机械与人员配套，一方面，应保证操作人员的安全，另一方面，先进的施工机械必须配备高素质的操作人员，以便发挥其最好的作用。

(4)设备配置要有适当的富余系数，但富余系数不宜过大，以避免造成部分设备能力的浪费。

(5)设备外形尺寸应与隧道断面相适应，并根据不同的施工形式优化配置，以便适应特长隧道施工的特点。尽可能采用同一个厂家出产的同类机械的设备，这样方便其维修、配件供应和通用互换，确保机械使用率。

(6)施工机械要和隧道辅助施工作业配套，如电力、排水、供水和通风等。根据机械设备在隧道机械化施工中所起作用的不同可以将施工设备划分为主导设备机组、主要设备及辅助设备。主导设备机组是施工中起决定性作用的设备组成，如凿岩台车、装渣机械和运输车形成的机组；主要设备是对隧道机械化施工中有重要影响的设备，如混凝土湿喷台车、混凝土拌和设备等；辅助设备是为保证隧道机械化施工顺利进行而配置的设备，如照明设备、通风设备等。

因此，选择施工机械中的主导设备机组是机械设备选型的第一步。确定主导设备后，根据施工的需求配置主要设备及辅助设备，使之配套合理，从而提高机械化施工水平，形成机械化施工组合。

3. 机械设备配置管理及调配计划

青岛地铁 8 号线观科段地铁隧道进洞前，二次衬砌模板台车必须进场。

(1)隧道前期进场的机械设备主要有以下几种：

①土石方施工设备：包括挖掘机、推土机、压路机和自卸汽车等。

②隧道开挖及出渣运输设备：凿岩机、台车(架)、装载机、自卸汽车等。

③隧道支护设备：湿喷机、管棚钻机、注浆机等。

④混凝土施工设备：混凝土搅拌机、配料机、混凝土运输车、混凝土输送泵、捣固设备、衬砌台车(模板、拱架)等。

⑤钢筋(结构)加工设备：钢筋调直机、切断机、弯曲机、电焊机等。

⑥风、水、电供应设备：空压机、风机、水泵供水装置、变压器、发电机等。

⑦相应阶段配备的检测仪器和设备。

(2)机械设备应本着性能优良、配套合理、功效高的原则配备，满足污染小、能耗低、效率高的要求，并根据施工进度计划安排，分阶段、分期组织上场，以满足施工需要。

设备进场本着“一次计划到位、分批进场”的原则，节约机械设备的占用费。根据工程总体施工安排，按照适当提前的原则进行施工机械和检测设备调配，保证各分项工程按期开工。主要施工机械配置详见表 4.2-3。

**表 4.2-3　观科区间掘进出渣施工机械设备配置计划表**

| 序号 | 设备名称 | 规格型号 | 数量 |
|---|---|---|---|
| 1 | 凿岩机 | Y48 | 30 |
| 2 | 风镐 | G-10 | 50 |
| 3 | 开挖台架 | 4 m | 4 |
| 4 | 挖掘机 | 柳工 908D | 6 |
| 5 | 混凝土喷射机 | PZ-7D-3 | 4 |
| 6 | 液压双液注浆泵 | GZJB | 4 |
| 7 | 装载机 | 龙工 LG838B | 2 |
| 8 | 装载机 | 柳工 ZL50CN | 2 |
| 9 | 翻斗车 | 3 t | 12 |
| 10 | 混凝土搅拌机 | JS750 | 2 |

(3)装载机是土石方工程开挖的主要工程机械，它本身可以进行挖土、运送、铲装土石等松散物料的作业，当运距较远时，可与倾卸车或其他运输车辆配合施工，这

是它的主要工作方式，特别适用在工作面较小的场地进行铲装作业。在隧道施工中，一般由若干台倾卸车与一台装载机联合作业，组成无轨运输线。至于单台装载机与几台倾卸车配合施工比较合理，在现场一般是由施工管理人员的经验或者用单台倾卸车完成一次土方作业的循环时间与装载机装满一台倾卸车时间的比值来确定。

(4)无轨运输具有工效高、速度快、工序简单、对洞口场地要求不高等优点，但是施工干扰大，施工通风难度大，会增加机械设备维修费、通风费、扩挖会车洞费等。本工程为双线地铁隧道，为加快出渣效率，尽早进入新一循环的钻爆掘进，全区间设置了10个横通道，其中6个为永久横通道，横通道的多个设置既可以实现掘进与二次衬砌的平行作业，又可以加快出渣效率。洞内配置一台挖掘机用于掌子面清理、翻渣和装渣，采用挖掘机配自卸汽车装运。这样在起爆后一边装运岩渣出洞，一边用挖掘机迅速把掌子面清理出来，形成掌子面钻眼与掌子面后方装渣的平行作业状态，提高了作业效率。

青岛隧道8号线观科区间洞内施工以无轨运输方式出渣，使用一台装渣机，配以若干辆自卸汽车。在实际工作过程中，仅有一辆汽车处于装渣状态，其他车辆则处于出渣、卸渣、空车运行、排队待装等状态。每辆汽车的工作循环时间不同，是一个随机变量。因此，无轨运输出渣系统实际上是一个随机服务系统。

4. 不同循环进尺引起的出渣量研究

隧道工程出渣量直接影响到出渣时间问题，进而影响到工序循环问题。为了有效控制出渣时间，需对装渣、运渣设备等配置进行优化和计算，下面针对观科区间1号斜井出渣设备配置、出渣时间与循环进尺间关系问题进行研究。

影响双线隧道出渣时间的主要因素为每循环开挖进尺、开挖断面大小、铲装一车渣平均所用时间、运输车辆的运载能力等。

爆破循环进尺下石渣量可按下式计算：

$$Q = R \times \Delta \times L \times S \tag{4.2-1}$$

式中 $Q$——单循环爆破后石渣量，$m^3$；

$R$——岩体松胀系数，见表4.2-4；

$\Delta$——超挖系数，取1.1；

$L$——设计循环进尺，m；

$S$——开挖断面面积，$m^2$。

**表4.2-4 岩石碎胀系数取值表**

| 岩石名称 | 砂、砾岩 | 砂质黏土 | 中硬岩石 | 坚硬岩石 |
|---|---|---|---|---|
| 碎胀系数 | 1.05～1.20 | 1.20～1.25 | 1.30～1.50 | 1.50～2.50 |

对于Ⅳ级围岩，岩石为砂质黏土岩石。$R$ 取 1.25，计算得出不同循环进尺的单循环出渣方量，计算结果见表 4.2-5，关系如图 4.2-3 所示。

**表 4.2-5　各循环进尺下石渣量**

| 循环进尺 $L$(m) | 岩体松胀系数 | 超挖系数 | 开挖断面面积 $S$($m^3$) | 单循环爆破后石渣量 $Q$($m^3$) |
|---|---|---|---|---|
| 1 | 1.25 | 1.1 | 40.2 | 59.2 |
| 1.5 | | | | 89.545 5 |
| 2 | | | | 119.394 |
| 2.5 | | | | 149.242 5 |
| 3 | | | | 179.091 |
| 3.5 | | | | 208.939 5 |

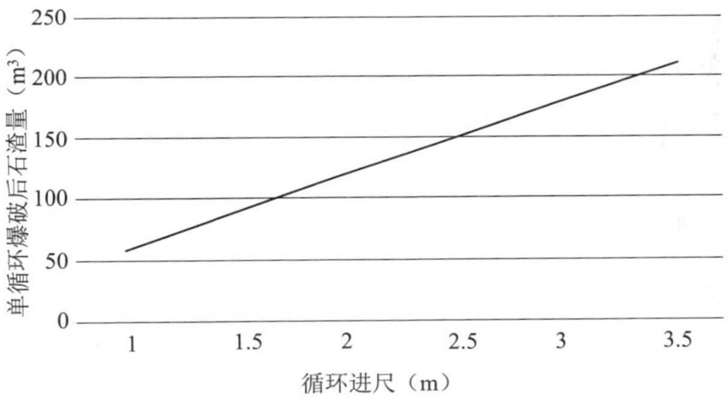


图 4.2-3　爆破石渣量与循环进尺关系曲线

由图 4.2-3 知，随着循环进尺的增加，隧道出渣量不断增加，单循环爆破后石渣量与循环尺寸成正比。当每日进尺为 3 m 时，其出渣量将上升至约为 1.5 m 时的两倍。当运输条件如装载车数量、运输速度等有限时，循环进尺越大则需要更多的运输时间，会对工期造成较大的影响。因此应当根据围岩稳定性、施工进度等因素合理选择爆破循环进尺。

5. 装载机作业特性研究

青岛隧道 8 号线观科区间洞内施工以无轨运输方式出渣，使用挖掘机、装载机（钩机），配以若干辆自卸汽车出渣，正常情况下挖掘机扒渣，侧斜式装载机将石渣装入自卸汽车，自卸汽车通过斜井将石渣运至指定弃渣场。

由于施工过程中受掌子面的情况、岩石围岩特性、设备本身等各种因素制约，装载机每次装满一辆运输车所用时间并不是一个确定的数据。但影响因素变化在一定范围内，因此台车装载机每次装满一辆运输车所用时间按照一定的规律变化。假设其变化规律符合正态分布，运用假设检验的数学方法进行验证。

在海底地铁隧道Ⅳ级围岩施工时，循环进尺为 1 m，开挖断面约 40 $m^2$。通过对此状况现场实测一辆装载机装满一辆运输车所用时间，统计结果见表 4.2-6。

表 4.2-6　装载机装满一辆运输车所用时间统计

| 序号 | 时间(min) | 序号 | 时间(min) | 序号 | 时间(min) | 序号 | 时间(min) | 序号 | 时间(min) |
|---|---|---|---|---|---|---|---|---|---|
| 1 | 14.67 | 16 | 14.92 | 31 | 14.25 | 46 | 13.92 | 61 | 15.7 |
| 2 | 14.73 | 17 | 16.47 | 32 | 15.55 | 47 | 15.97 | 62 | 15.53 |
| 3 | 15.17 | 18 | 16.7 | 33 | 14.67 | 48 | 17.2 | 63 | 14.25 |
| 4 | 18.25 | 19 | 15.25 | 34 | 13.92 | 49 | 16.25 | 64 | 17.05 |
| 5 | 15.88 | 20 | 14.82 | 35 | 14.08 | 50 | 14.42 | 65 | 14.88 |
| 6 | 17.05 | 21 | 13.5 | 36 | 13.45 | 51 | 14.7 | 66 | 15.05 |
| 7 | 15.08 | 22 | 14.75 | 37 | 14.67 | 52 | 15.15 | 67 | 16.28 |
| 8 | 14.38 | 23 | 16.75 | 38 | 14.5 | 53 | 15.55 | 68 | 14.58 |
| 9 | 13.52 | 24 | 15.05 | 39 | 14.23 | 54 | 15.53 | 69 | 14.12 |
| 10 | 17.87 | 25 | 14.57 | 40 | 15.02 | 55 | 14.25 | 70 | 14.62 |
| 11 | 16.5 | 26 | 13.72 | 41 | 17.45 | 56 | 17.05 | 71 | 15.25 |
| 12 | 15.05 | 27 | 14.48 | 42 | 16.88 | 57 | 14.88 | 72 | 15.42 |
| 13 | 15.42 | 28 | 13.45 | 43 | 15.73 | 58 | 15.85 | 73 | 15.72 |
| 14 | 13.5 | 29 | 15.07 | 44 | 14.23 | 59 | 16.28 | 74 | 16.25 |
| 15 | 13.15 | 30 | 14.5 | 45 | 14.38 | 60 | 14.58 | 75 | 17.2 |

对此种情况下装载机装满一辆运输车所用时间进行数理统计分析。

(1)假设装载机每次完成装满一辆运输车所用时间 $x$ 服从正态分布规律，装载机实际完成作业时间的最长、最短时间分别为

$$\max(x) = 18.25$$

$$\min(x) = 13.15$$

(2)将表 4.2-6 中的数据分为 $i$ 组，$i$ 由史特吉斯公式确定，式中 $N$ 为数据的个数

$$i = 1 + 3.32\lg N$$

则表 4.2-6 中的数据可分为

$$i = 1 + 3.32\lg N = 1 + 3.32\lg 75 = 7.51$$

四舍五入取整为 8 组。

(3)求组距

$$\delta = \frac{18.25 - 13.15}{8} \approx 0.7$$

分组见表 4.2-7。

**表 4.2-7　装载机装满一车运输车所用时间分组情况**

| 第 $i$ 组 | 1 | 2 | 3 | 4 | 5 | 6 | 7 | 8 |
|---|---|---|---|---|---|---|---|---|
| 范围 | 13.1～13.8 | 13.8～14.5 | 14.5～15.2 | 15.2～15.9 | 15.9～16.6 | 16.6～17.3 | 17.3～18 | 18～18.7 |
| 组中值 | 13.45 | 14.15 | 14.85 | 15.5 | 16.25 | 16.95 | 17.65 | 18.35 |
| 频数 | 7 | 13 | 21 | 16 | 7 | 8 | 2 | 1 |

(4)装载机装载渣土作业时间统计计算

样本均值

$$\overline{x} = \frac{13.45\times 7 + 14.15\times 13 + 14.85\times 21 + 15.5\times 16 + 16.25\times 7 + 16.95\times 8 + 17.65\times 2 + 18.35}{75}$$

$$= 15.21$$

样本标准差 $S = \sqrt{\frac{1}{n-1}\sum_{i=1}^{n}(x_i - \overline{x})^2} = \sqrt{\frac{1}{75-1}\sum_{i=1}^{75}(x_i - 14.97)^2} = 1.3345$

假设装载机装满一辆自卸车的作业时间 $x$ 服从 $N(14.97, 1.3345^2)$ 的正态分布，密度函数为

$$f(x) = \frac{1}{\sqrt{2\pi}\,1.3345} e^{-\frac{(x-15.21)^2}{2\times 1.3345^2}}$$

装载机装满一辆运输车渣石的作业时间频率直方图如图 4.2-4 所示。

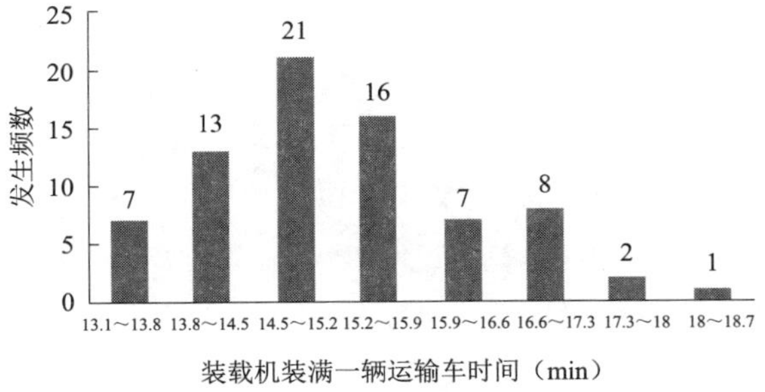


图 4.2-4　装载机装满一车运输车渣石所用时间实际频率直方图

对凿岩台车完成作业实际时间 $x$ 的概率分布进行 $K$-$S$ 优度拟合检验。检验假设是否成立。假设 $H_0: F(x)=F_0(x)=N(15.21, 1.3345^2)$；$H_1: F(x)\neq F_0(x)$；其中 $F(x)$为样本分布函数，$F_0(x)$为理论正态分布函数，则样本频率为

$$p=\frac{v}{n}$$

式中 $v$——频数；

$n$——样本总数。

理论概率为

$$p_0=\Phi\left(\frac{X-\mu}{\sigma}\right)$$

其中 $X$ 为范围最大值，$\Phi\left(\frac{X-\mu}{\sigma}\right)$的值可查标准正态分布表得出。

选 $F_0(x)$与 $F(x)$的绝对差作为检验统计量，令其最大值为 $D_n$

$$D_n=\max\{|F_0(x)-F(x)|\}$$

据样本容量 $n$ 和显著水平 $a$ 可查柯尔莫哥洛夫拟合优度检验临界值 $D_{n,a}$附表得 $D_{n,a}$的值，取 $a=0.05$，$n=75$，从表中得 $D_{75,0.05}=0.15442$，用 $K$-$S$ 拟合检验计算，结果见表 4.2-8。

通过比较 $\max D_n$与 $D_{n,0.05}$的值，若 $\max D_n<D_{n,0.05}$，则假设成立，拟合满意。从表中可以看出 $\max D_n=0.0615<D_{100,0.05}=0.1358$，因此认为样本无法拒绝 $H_0$，假设成立。

所以装载机装满一辆自卸车的作业时间 $x$ 服从 $N(14.97, 1.3345^2)$的正态分布，密度函数为

$$f(x)=\frac{1}{\sqrt{2\pi}1.3345}\mathrm{e}^{-\frac{(x-15.21)^2}{2\times1.3345^2}} \tag{4.2-2}$$

由上式可以看出，在隧道围岩等级Ⅳ级，断面开挖尺寸约 40 m²，循环进尺为 1 m的工程条件下：装载机装满一辆自卸车的出渣平均耗时为 15.21 min。当作业时间超过 15.21 min 时，可能会出现窝工费时现象，需要进行及时调整。当作业时间小于 15.21 min 时，则认为装载机处于效率较高的状态运行，需要继续保持这个状态。可以根据这个公式来判断本工程装载机的工作状况，进一步加强管理，保证机械的高效运转。

表 4.2-8　*K-S* 检验计算数据

| $T$ 中值 | 频数 $v$ | $\sum v$ | $p$ | $p_0$ | $D_n$ | max $D_n$ | $D_{n,0.05}$ |
|---|---|---|---|---|---|---|---|
| 13.45 | 7 | 7 | 0.093 3 | 0.144 6 | 0.051 3 | 0.061 5 | 0.154 42 |
| 14.15 | 13 | 20 | 0.266 7 | 0.298 1 | 0.031 4 | | |
| 14.85 | 21 | 41 | 0.546 7 | 0.496 | 0.050 7 | | |
| 15.5 | 16 | 57 | 0.76 | 0.698 5 | 0.061 5 | | |
| 16.25 | 7 | 64 | 0.853 3 | 0.850 8 | 0.002 5 | | |
| 16.95 | 8 | 72 | 0.96 | 0.941 79 | 0.018 2 | | |
| 17.65 | 2 | 74 | 1 | 0.981 69 | 0.018 31 | | |
| 18.35 | 1 | 75 | 1.0 | 0.998 1 | 0.001 9 | | |

6. 出渣自卸车的合理配置

(1)自卸车载重量选择

①挖掘机与自卸车载重量的配置关系。为了使挖掘机充分发挥生产能力,应使自卸车的载重量与挖掘机的每斗土重保持一定的倍率关系,并有足够数量车辆以保证挖掘机连续工作。从挖掘机方面考虑,汽车的载重量越大越好,可以减少等待车辆调头的时间。有关试验研究表明,挖掘机斗容量与载重量合理配置的基本要求是斗容量一的挖掘机配置载重量一的自卸车,见表 4.2-9。

从车辆方面考虑,载重量小、台班费便宜但使用数量多载重量大,则台班费高但数量可减少。最适合的车辆载重量应当是使土方施工单价为最低,可以通过核算确定。一般情况下,自卸车的载重量以每斗土重的一倍为宜。

表 4.2-9　推荐自卸车载重量(单位:t)

| 运距(km) | 挖掘机斗容量 | | | | | |
|---|---|---|---|---|---|---|
| | 0.4 | 0.65 | 1 | 1.25 | 1.6 | 2.5 |
| 0.5 | 3.5 | 4.5 | 6 | 6 | 10 | 10 |
| 1 | 6 | 6 | 10 | 10 | 10 | 10 |
| 1.5 | 6 | 6 | 10 | 10 | 10 | 10 |
| 2～3 | 6 | 10 | 10 | 10 | 25 | 25 |
| 4～5 | 10 | 10 | 10 | 25 | 25 | 25 |

②隧道工程对自卸车载重量的容许限制。自卸车载重量大小要适合现场工程进展,从隧道工程方面考虑,出渣自卸车的车身大小与隧道直径、横通道直径以及

在隧道和横通道的转弯半径有关。载重量大的自卸车，车身长宽较大，运输渣土时不利于在隧道或横通道内转弯。观科区间临时横通道的净空断面尺寸为 5 m×5 m，为实现最大化的快速出渣并综合考虑各种限制因素，选用的出渣自卸车身长为 5 m，宽 2.35 m，高 3.2 m，车斗 14 $m^3$。

(2)自卸车数量计算

经过对 1 号斜井出渣全过程的现场勘察，得出 1 号斜井掌子面一个循环的各项出渣参数。

斜井总长 332 m，对 1 号斜井现场勘探时，正洞小里程掌子面 DK35+400，距斜井550 m，且围岩等级均为Ⅳ级围岩，爆破循环进尺为 1.5 m，现场有 14 $m^3$ 和 6 $m^3$装载量的两种出渣车。弃渣场离斜井洞口为 1 km，自卸车在洞内的速度为 $v_{洞内}=5$ km/h，在洞外的速度为 $v_{洞外}=20$ km/h，装载机装载设备能力为 56 $m^3$/h。

自卸车的数量直接影响着出渣工序的施工效率，数量少则需要更多的循环来进行出渣，数量多可能会导致窝工，因此出渣车辆的数量需要通过计算来确定，具体计算公式如下：

①一个循环出渣量 $Q$

$$Q=R\times\Delta\times L\times S=40\times1.5\times1.1\times1.35=89.5\ \text{m}^3 \tag{4.2-3}$$

②装载设备装满一车的装渣时间 $T_{装}$

$$T_{装}=\frac{V_{车}}{W}\times60=\frac{14}{56}\times60=20\ \text{min} \tag{4.2-4}$$

式中 $V_{车}$——自卸车容积；

$W$——装载设备小时能力，$m^3$/h。

③自卸车往返一次的纯行走时间

$$T_{往返}=(T_{洞内}+T_{洞外})\times2=\left(\frac{L_{洞内}}{V_{洞内}}+\frac{L_{洞外}}{V_{洞内}}\right)\times60\times2=6+24X \tag{4.2-5}$$

式中 $T_{洞内}$——洞内行走时间，min；

$T_{洞外}$——洞外行走时间，min；

$L_{洞内}$——洞内行走距离，km；

$L_{洞外}$——洞外行走距离，km；

$V_{洞内}$——洞内行走速度，km/h；

$V_{洞外}$——洞外行走速度，km/h。

④自卸车出一车渣的总时间 $T_{总}$

$$T_{总}=T_{装}+T_{卸}+T_{往返}=20+2+6+24X \tag{4.2-6}$$

式中 $T_{卸}$——自卸车卸渣时间，min。

⑤清理一次爆破的全部岩渣所需要自卸车车次总量 $N'$

$$N' = \frac{Q}{V_{车}} = \frac{89.5}{14} \approx 6.39 = 7 \text{ 车次} \quad (4.2\text{-}7)$$

⑥使用一台自卸车清理一次爆破的全部岩渣需要的时间 $T'$

$$T' = N' \times T_{总} = 7 \times (30 + 24X) \text{ min} \quad (4.2\text{-}8)$$

⑦投入施工的自卸车总台数为 $N$ 时工作面清理完毕需要的时间 $T$

$$T = \frac{T'}{N} = \frac{7 \times (28 + 24X)}{N} = \frac{196 + 168X}{N} \text{ min} \quad (4.2\text{-}9)$$

式中　$N$——投入的自卸车辆总数。

完成全部出渣量的时间，即清理完工作面的时间，与斜井总进尺（斜井口到工作面的距离 $X$）和拟投入的车辆总数 $N$ 有关，通过计算可确定出渣车辆。

1 号斜井上下台阶总进尺数为 1.5 m 时，掌子面处运送岩渣的 14 $m^3$ 自卸车有 2 辆，即 $N=2$；洞内行走距离为斜井长度加正洞长度，即 $X=0.882$ km。将已知的 $X$、$N$ 代入式(4.2-9)中得出一个循环出渣共需 2 h 52 min。由此可见，对 1 号斜井而言：

①当掘进前 500 m 施工时，配置 2 辆容积为 14 $m^3$ 的自卸车基本可以保证在出渣计划 3 h 内，将洞内的爆破残渣运出斜井，但为缩短出渣时间，保证下一步施工顺利进行，可以配置 1～2 辆小型 6 $m^3$ 的自卸车配合出渣运输。

②当掌子面掘进到距斜井 500 m 后出渣时，配置 2 辆容积为 14 $m^3$ 的自卸车已经不满足出渣需要。配置 3 辆 14 $m^3$ 自卸车基本可以保证在 1.5～2.5 h 内，将洞内的爆破残渣运出斜井，保证下一步施工的顺利进行。

### 4.2.4　横通道施工组织

1. 横通道的设置

为了保证工期的顺利完成，同时给二次衬砌和初期支护交叉施工提供工作面，提高区间隧道施工效率，在原有联络通道的基础上增设 4 个临时横通道，横通道里程见表 4.2-10。

**表 4.2-10　临时横通道的设置**

| 编号 | 里　程 | 横通道名称 | 围岩等级 |
|---|---|---|---|
| 1 | ZDK34+000 | 1 号临时通道 | Ⅲ1 |
| 2 | ZDK34+266 | 1 号永久通道 | Ⅴ |
| 3 | ZDK34+580 | 2 号永久通道(新增 2 号斜井) | Ⅲ1 |
| 4 | ZDK35+055 | 3 号永久通道(区间风井) | Ⅲ1 |
| 5 | ZDK35+400 | 4 号永久通道 | Ⅱ |

续上表

| 编号 | 里　　程 | 横通道名称 | 围岩等级 |
|---|---|---|---|
| 6 | ZDK35＋610 | 4 号临时通道 | Ⅲ1 |
| 7 | ZDK35＋786 | 2 号临时通道 | Ⅲ1 |
| 8 | ZDK35＋948 | 5 号永久通道兼泵房(1 号斜井) | Ⅳ2 |
| 9 | ZDK36＋129 | 3 号临时通道 | Ⅱ |
| 10 | ZDK36＋250 | 6 号永久通道 | Ⅳ1 |

观科区间 1 号斜井小里程二次衬砌施工需要等小里程初期支护完成后进行,二次衬砌施工完成日期为 2019 年 11 月下旬,不满足 2019 年 7 月底洞通的施工节点要求。通过在 DK35＋610 处增设一座临时横通道,即 4 号临时横通道,可提前施作右线小里 387 m 衬砌,二次衬砌完工时间为 2019 年 7 月中旬,满足了施工节点要求。

若掌子面后方进行二次衬砌施工,势必会阻挡爆破后的出渣运输。开挖临时横通道,可以实现二次衬砌与出渣平行作业。如图 4.2-5 所示,1 号斜井右线小里程方向在爆破掘进的同时,掌子面后方里程进行二次衬砌施工,为实现这种情况下起爆后的出渣运输,在二次衬砌施工段与掌子面之间开挖临时横通道。车辆到达二次衬砌施工段之前,通过横通道进入没有进行衬砌施工的左线,通过左线,从斜井将渣石运至工地外部卸渣场。通过设置开挖横通道,使左右线隧道的开挖与衬砌形成平行作业模式。

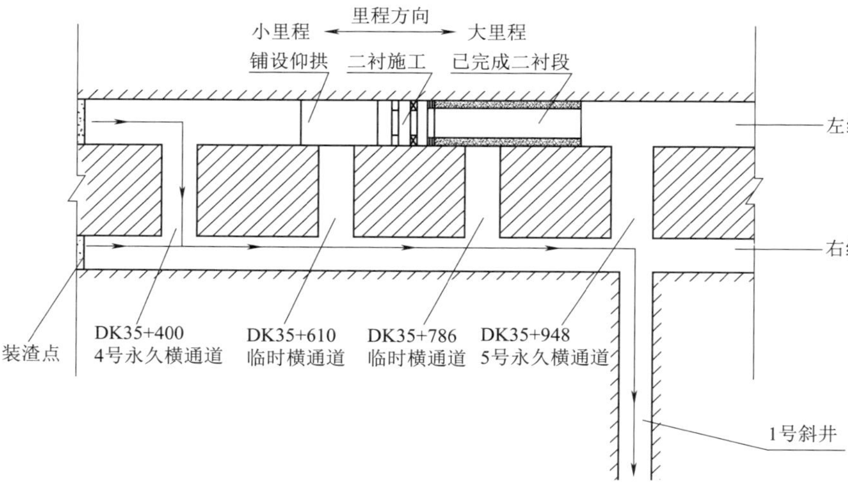


图 4.2-5　1 号斜井出渣路线图

在工程实施的过程中，需根据实际施工进度，在合适的里程设置临时施工横通道。满足施工需求是横通道设置的前提。为加快双线隧道多工作面施工速度，洞内里程相隔200 m左右增设横通道，可以保证提前组织衬砌施工的有序进行，防止发生窝工的现象。

2. 横通道增设的工程时机

观科区间 1 号斜井小里程二次衬砌施工需要等小里程初期支护完成后进行，二次衬砌施工完成日期为 2019 年 11 月下旬，不满足 2019 年 7 月底洞通的施工节点要求。通过在 DK35＋610 处增设一座临时横通道，即 5 号临时横通道，平面设计如图 4.2-6 所示，可提前施作右线小里 387 m 衬砌，满足了施工节点要求。

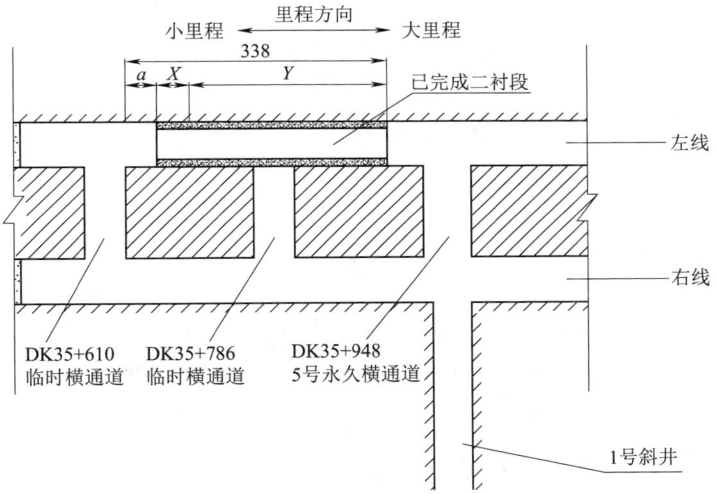


图 4.2-6　1 号斜井增设 DK35＋610 临时横通道(单位：m)

随着正线二次衬砌施工进度的推进，当仰拱铺设到已开设的临时横通道里程时，自卸车需要经过横通道进行出渣运输，导致正线二次衬砌就无法继续进行。解决这个问题就需要增设新的横通道，继续进行两个横通道里程之间的二次衬砌施工，自卸车也可以通过新增设的横通道进行开挖出渣运输。新的临时横通道的增设可维持开挖与二次衬砌平行作业模式。但横通道增设的工程时机不对，横通道开挖增设的不及时会导致二次衬砌作业窝工。下面即对横通道的开挖时机与二次衬砌进度之间的关系问题进行研究。以 DK35＋610 临时横通道为研究对象，对 DK35＋610 临时横通道的设置工程时机进行探讨。

$$X=\frac{mD}{nL}\cdot E \tag{4.2-10}$$

式中 $E$——每日二次衬砌完成距离，$E=6$ m/d；

$L$——横通道设计循环进尺，$L=1.5$ m；

$D$——横通道掘进长度，$D=7.5$ m；

$n$——每日循环次数，$n=2$；

$m$——施工干扰系数，取 1.5；

$X$——横通道开挖期间二次衬砌完成距离。

由式(4.2-10)得，$X=22.5$ m。

从计算得出的结果可知，当临时横通道(DK35＋786)从开始到开挖完成这段时间内，二次衬砌施工距离 $X=22.5$ m。正线在横通道前后需要留有一段距离 $a$，利于自卸车出渣运输与积水排水，$a$ 取 2 m。

$$Y = 338 - a - X \tag{4.2-11}$$

由式(4.2-11)得，$Y=313.5$ m。由此可得结论，为防止二次衬砌作业发生窝工，当二次衬砌施工进度预计到达 DK35＋634 时，即需要开始开挖 DK35＋610 临时横通道。

#### 4.2.5 区间隧道二次衬砌施工组织

二次衬砌是在规定日期内灌注的内层衬砌，是掌子面开挖一定距离后，隧道内监控量测数据稳定时进行的施工作业。观科区间隧道二次衬砌为复合式结构，二次衬砌采用 C45、P12 防水钢筋混凝土。区间隧道标准段结构形式为马蹄形断面。洞身衬砌分部施工，首先进行仰拱施工，仰拱两侧矮边墙采用移动整体模架浇筑；二次衬砌采用自行液压钢模台车施工；本工程结构浇筑采用商品混凝土，并要求供应商按防水混凝土的要求供应商品混凝土。混凝土运输采用混凝土运输车直接运至洞内混凝土输送泵处，再由洞内输送泵通过管道送至模板内(混凝土输送泵可移动，输送泵位置距离台车 5～10 m)，如图 4.2-7 所示。防水板铺设前先处理初喷混凝土表面，然后用射钉铺设排水板和无纺布缓冲层。

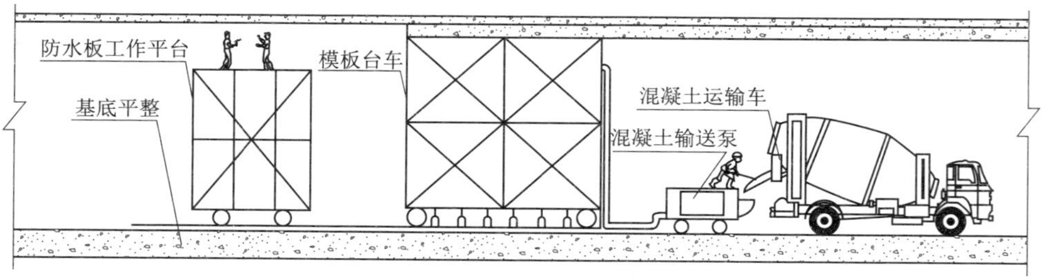


图 4.2-7 混凝土的运输、输送控制示意图

区间二次衬砌施工合理安排施工工序，使基面处理、防水层铺设、钢筋绑扎、二次衬砌施工互不干扰，形成流水作业。流水作业如图 4.2-8 所示。

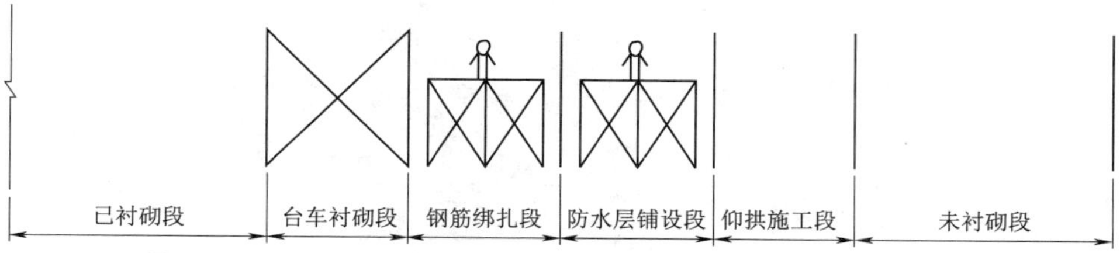


图 4.2-8　流水作业示意图

二次衬砌施工劳动力配置计划见表 4.2-11。主要施工设备配备见表 4.2-12。

**表 4.2-11　二次衬砌施工劳动力配置计划表**

| 序号 | 工种 | 主要工作内容 | 人数 |
|---|---|---|---|
| 1 | 电工 | 现场电线路引接、用电管理 | 2 |
| 2 | 钢筋工 | 钢筋加工、安装 | 20 |
| 3 | 架子工 | 支架安拆 | 10 |
| 4 | 木工 | 模板、预埋件安装 | 8 |
| 5 | 混凝土工 | 混凝土浇筑、振捣 | 8 |
| 6 | 普工 | 值班、养护等 | 6 |
| 合计（人） | | | 54 |

**表 4.2-12　二次衬砌施工机具配置计划表**

| 序号 | 设备名称 | 规格型号 | 单位 | 数量 |
|---|---|---|---|---|
| 1 | 衬砌台车 | 9 m | 台 | 1 |
| 2 | 衬砌台车 | 10.5 m | 台 | 8 |
| 3 | 衬砌台车 | 12 m | 台 | 3 |
| 4 | 变压器 | S10-800 kW | 台 | 2 |
| 5 | 空压机 | LG110G-8 | 台 | 13 |
| 6 | 挖掘机 | PC110-7 | 台 | 5 |
| 7 | 装载机 | ZL30、LG843 | 台 | 5 |
| 8 | 混凝土输送泵 | 60 $m^3/h$ | 台 | 14 |
| 9 | 钢筋弯曲机 | GF25 | 台 | 3 |
| 10 | 钢筋切断机 | GQ40 | 台 | 13 |

续上表

| 序号 | 设备名称 | 规格型号 | 单位 | 数量 |
|---|---|---|---|---|
| 11 | 钢筋滚轧直螺纹机床 | 32B | 台 | 3 |
| 12 | 直螺纹套丝专用钢筋切断机 | GQ40 | 台 | 3 |
| 13 | 注浆机 | GZJB | 台 | 2 |
| 14 | 电焊机 | BX500 | 台 | 6 |
| 15 | 通风机 | SDF(B)<br>11.5/2×75 kW | 台 | 5 |

仰拱施工进度直接影响到隧道二次衬砌的施工，针对青岛8号线隧道为双线隧道同时开挖的工程特点，为减少其与出渣运输的干扰，采用在仰拱施工作业面与开挖掌子面之间设置开挖临时横通道的方法，使出渣车可以绕过仰拱施工经过横通道从另一条平行的隧道往外出渣，采用自行式仰拱施工栈桥解决仰拱施工与开挖运输的干扰，保证了车辆运行，全幅灌注混凝土施工。

仰拱开挖与下断面开挖一次完成，在围岩较差、收敛变形较大地段，开挖后在下断面钢架底部设临时横撑以抑制支护变形收敛。仰拱的开挖长度根据围岩状况及变形量测情况而定。

按适时衬砌的原则进行二次衬砌，根据围岩量测资料，在围岩和初期支护变形趋于稳定后进行。在围岩变形速率较大无法趋于稳定地段采用加强初期支护，对衬砌混凝土配筋等方法来保证施工与隧道支护体系结构安全。二次衬砌采用9 m全液压自动行走的整体衬砌台车，衬砌与掘进、支护平行作业，不占用循环时间。

根据正洞掘进速度及下断面距衬砌距离要求，采用多台衬砌台车衬砌，台车采用跳跃式衬砌，空余部分由其他台车施作。为加快二次衬砌的施工速度，各项工序平行作业。前方铺设仰拱，后方架设平行的三个台车，防水工、钢筋工和模板工分别在简易台架防水台车、简易台架挂筋台车和全液压钢模板隧道衬砌台车上，同时进行作业，防水施工超前钢筋安装，钢筋安装超前模板注浆养护，实现了二次衬砌各工序的平行作业，缩短了单循环二次衬砌施工的施工时间。

## 4.3 暗挖区间多工作面施工辅助作业优化设计

在隧道建设中，施工辅助作业贯穿施工的全过程。任何基本作业施工步骤的安全高效进行都离不开辅助作业，为保障施工质量、提升施工效率、降低施工成本，必须对辅助作业进行优化设计，从而保证施工的圆满成功。本工程由于工作面较多，辅助设施尤为重要，主要从通风、排水、供电三个方面来进行优化。

### 4.3.1　通风系统

施工通风作为隧道建设过程中的重要环节，是决定施工能否顺利进行的关键。在青岛地铁 8 号线隧道施工建设中，在满足工期要求，保证施工质量与工人安全的前提下，预先设计完善的通风方案至关重要。

观科区间全程的永久横通道及临时横通道布置按图 3.8-1 布置，具体里程见表 4.3-1。临时横通道具体位置以实际施工为准，同时加大对横通道的施工监测工作，合理组织后期施工，保证后期安全稳定施工，同时加强施工过程中检查力度，保证后续工作的顺利进行。

在隧道中增设横通道的方法在加快施工进度的同时也会产生一些不利影响，主要有：

(1)使得隧道内工作面增多，物料运输更加频繁，洞内工作人员以及车辆机具增多，洞内环境更加复杂，施工过程中对人员机械调度和管理能力提出了更高的要求。

(2)人员、机具车辆的增加要求通风设备向隧道内提供足量的新鲜空气，排出粉尘及有毒有害气体、洞内的废热，提供良好的施工环境。

(3)横通道的开挖、支护以及隧道施工完成后的回填都需要根据工程实际情况进行设计、施工，增加工程量，增加项目的资金投入。

(4)风流在隧道内向外排出经过横通道时，向横通道内扩散，易在横通道处形成涡流，阻碍隧道内风流的流动，不利于隧道内有害气体的排出，以 1 号斜井为例，风流经过两个隧道临时横通道和 5 号永久横通道时对风流的走向如图 4.3-1 所示。

故在设计通风方案时，应根据洞内实际情况，考虑在施工过程中最困难时期的通风参数。

**表 4.3-1　联络通道里程及参数**

| 编　　号 | 里　　程 |
|---|---|
| ①临时横通道 | DK34＋000 |
| 1 号永久通道 | DK34＋366 |
| 2 号永久通道 | DK34＋580 |
| 3 号永久通道 | DK35＋055 |
| 4 号永久通道 | DK35＋400 |
| ②临时横通道 | DK35＋620 |
| ③临时横通道 | DK35＋786 |
| 5 号永久通道 | DK35＋948 |
| ④临时横通道 | DK36＋129 |
| 6 号永久通道 | DK36＋250 |

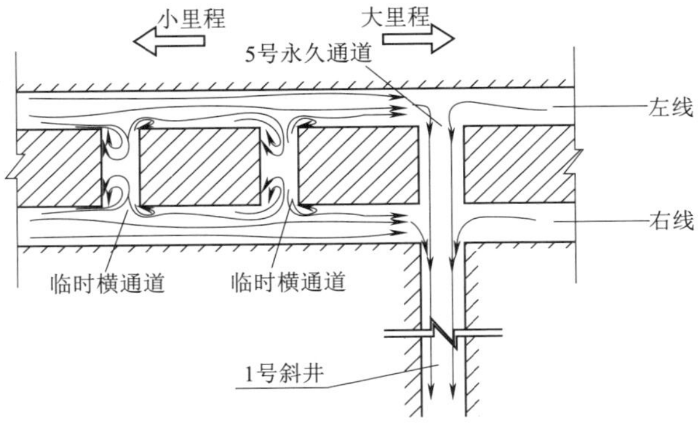


图 4.3-1 横通道处风流流向

1. 施工通风风量及风压计算

通风参数的计算要综合考虑隧道内施工实际情况，既要满足隧道通风相关法律规定的要求，又要考虑一定的富余系数，确保通风设备能满足通风最困难时期的要求。首先要确定观科区间通风任务最困难的工区，以该工区的施工情况为依据计算通风参数，判断依据包括风机通风距离、区间横通道的数量。隧道区间风井处风机布置在上方地面，与布置在斜井口的风机供风原理相同，可同时参与对比。

观科区间风机的通风距离按照各工区之间的预计贯通位置确定，渡线段明挖斜井处风机的通风距离为大里程方向 559 m，新增斜井处风机的通风距离为大里程方向 307 m、小里程方向 225 m，区间风井处风机的通风距离为大里程方向 265 m、小里程方向 209 m，1 号斜井处风机的通风距离为大里程方向 479 m、小里程方向 642 m，新增竖井处风机的通风距离为小里程方向 266 m。由此可见，1 号斜井处风机的通风距离最长。

为加快施工进度，观科区间在隧道内设置多个横通道，区间横通道的数量越多，二次衬砌工作面数量增多，则洞内同时工作的机具、车辆、工人数量增加，通风压力随之增大。渡线明挖段斜井处风机在通风距离内共经过 2 条横通道，新增斜井处风机通风距离内共经过 2 条横通道，区间风井处风机通风距离共经过 1 条横通道，1 号斜井处风机通风距离内共经过 6 条横通道，新增竖井处风机通风距离内共经过 1 条横通道。由此可见，1 号斜井处风机通风距离内设置的横通道数量最多。

综上所述，以 1 号斜井为例来计算隧道通风参数，在设计完成后其他各个工区参照实施可满足通风要求。风机放置于 1 号斜井处，向区间风井方向施工作业区以及新增竖井方向施工作业区 4 条隧道送风，如图 4.3-2 所示。隧道施工通风所需风量分别按洞内允许最低风速、洞内最大工作人数、爆破需排除的炮烟量、稀释内燃机产生的有害气体分别计算四条单一隧道所需风量，风机总风量为 4 条隧道之和，取其中计算出的最大值作为控制风量。

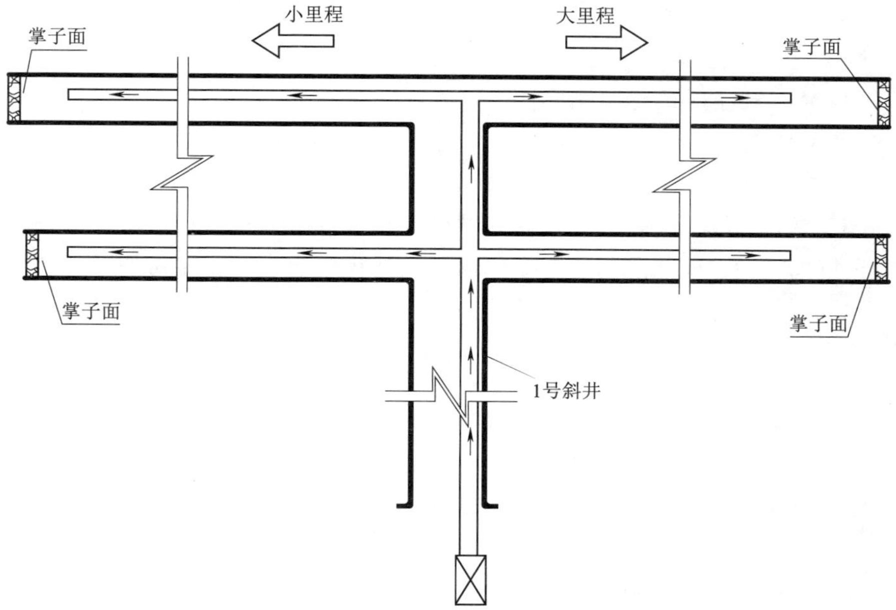


图 4.3-2　1 号斜井风流流向

(1)按洞内允许最低风速计算

本次通风设计隧道风速按《铁路隧道设计规范》(TB 10003—2016)分部开挖时规定的最低风速，取 0.25 m/s，所需风量为

$$Q_1 = 60V \cdot S \tag{4.3-1}$$

式中　$V$——隧道风速，取 0.25 m/s；

$S$——隧道断面积，取 34 $m^2$。

根据洞内允许最低风速计算，单一隧道所需风量为 510 $m^3$/min。

(2)按洞内最多工作人数计算

$$Q_2 = qnk \tag{4.3-2}$$

式中　$q$——每人所需风量，取 4 $m^3$/min；

$n$——洞内最大工作人数，取 60 人；

$k$——风量备用系数，取 1.15。

根据洞内最多工作人数计算，单一隧道所需风量为 276 $m^3$/min。

(3)按稀释爆破炮烟计算风量

$$Q_3 = 7.8\sqrt[3]{A(SL)^2}/T \tag{4.3-3}$$

式中 $A$——同时起爆药量,取最大值 65 kg;

$S$——开挖断面积,取 34 $m^2$;

$L$——满足下一循环施工长度,取 200 m;

$T$——通风时间,取 30 min。

根据稀释爆破炮烟计算,单一隧道所需风量为 375 $m^3$/min。

(4)按隧道内燃机车所需风量计算

由于本隧道采用无轨运输方案,限制洞内内燃机车数量,内燃机车出渣施工过程中需消耗氧气,目前隧道内燃机车所需风量计算按柴油机额定功率系数法计算,它由安全稀释法演变而得,其计算公式为

$$Q_4 = \sum_{i=1}^{r} nkW_iT_iP \tag{4.3-4}$$

式中 $n$——隧道内一个工作面同时使用的内燃设备台数;

$k$——功率通风计算系数,取 4.0 $m^3$/(min·kW);

$P$——每台柴油设备的额定功率,kW;

$T_i$——各台内燃设备的时间利用率,取 0.4;

$W_i$——每台内燃设备平均负荷率,取 0.7。

隧道爆破掌子面进行爆破出渣,使用一台挖掘机功率为 40 kW,一台装载机的功率为 92 kW,一台出渣车的功率为 280 kW。

$$Q_4 = 1\times(4\times0.7\times0.4\times280)+1\times(4\times0.7\times0.4\times40)+ 1\times(4\times0.7\times0.4\times92)=461\ m^3/min$$

按隧道内燃机车所需风量计算,$Q_4$=461 $m^3$/min,所需风量最小为 461 $m^3$/min。

通过计算对比,取设计风量 $Q_0=\max(Q_1,Q_2,Q_3,Q_4)$,当按稀释内燃机车废气计算风量时取最大值 $Q_1$=510 $m^3$/min,则 $Q_0$=510 $m^3$/min。

隧道在使用风筒进行通风过程中,不可避免地会出现风筒漏风的情况。因此,我们要考虑工程实际设计参数的影响,相关的漏风影响系数选取可以根据采用的风筒材料,风筒的布设长度以及隧道坑壁阻力等对风流的影响,在实际应用中根据风筒生产厂家在出厂产品参数中的百米平均漏风率衡量风量的损失。本次平均百米漏风率取 1.2%,隧道内实际施工风机的风量 $Q_m$ 按下式计算。

$$Q_m = Q_0/(1-0.012L/100) \tag{4.3-5}$$

式中 $Q_0$——隧道设计风量,取 510 $m^3$/min;

$L$——风筒长度，1 号斜井与相连横通道的长度为 332 m，向小里程方向的两条风筒长度为最大掘进距离 642 m，向大里程方向的两条风筒长度按最大掘进距离 479 m。

小里程方向两隧道风量：510/(1－0.012×642/100)×2＝1 105 $m^3/min$

大里程方向两隧道风量：510/(1－0.012×479/100)×2＝1 082 $m^3/min$

1 号斜井风机风量：2 187/(1－0.012×332/100)＝2 278 $m^3/min$

计算得到 $Q_m$＝2 278 $m^3/min$，即风机风量应不小于 2 278 $m^3/min$。该风机最大风量为 2 940 $m^3/min$＞$Q_m$，满足要求。

为保证将所需风量送到工作面，并在出风口保持一定的风速，风机应该有足够的风压来克服管道系统阻力，即要保证 $h_{风}>h_{阻}$，并联风网中单一隧道风压等于总风压，风压可按下式计算：

$$h_{阻} = \sum h_{动} + \sum h_{局} + \sum h_{沿} \tag{4.3-6}$$

式中　$h_{动}$——动压损失，取 50 Pa；

$h_{局}$——局部压力损失，一般按沿程压力损失的 10%估算；

$h_{沿}$——沿程管道压力损失计算，

$$h_{沿} = agPLQ^2/S^3 \tag{4.3-7}$$

其中　$a$——风道摩擦阻力系数，取 $a=3\times10^{-4}\ kg\cdot s^2/m^2$，

$g$——重力加速度，取 9.8 $m/s^2$，

$P$——风筒周长，

$L$——最大通风长度，取 1 号斜井处风机向左线小里程方向掌子面的供风长度，

$Q$——风机风量，

$S$——风筒截面积。

隧道使用 $\phi$1 500 mm 大直径风筒部分 $L$ 取 332 m，$P$ 取 4.71 m，$S$ 取 1.77 $m^3$，$Q$ 取38 $m^3/s$；隧道使用 $\phi$1 200 mm 小直径风筒部分 $L$ 取 642 m，$P$ 取 3.77 m，$S$ 取 1.13 $m^3$，$Q$ 取 10 $m^3/s$ 。

$$h_{沿}=1\ 197+493=1\ 690\ Pa$$

则 $h_{阻} = \sum h_{动} + \sum h_{局} + \sum h_{沿}$ ＝1 909 Pa，即风机风压应不小于 1 909 Pa，该风机风压为 5 355 Pa＞$h_{阻}$＝1 909 Pa，满足要求。

2. 多工作面施工通风方案

为了不影响隧道施工过程中工作面之间的平行流水作业，风筒等隧道内通风

设施和通风线路必须根据施工调度作出相应调整，以更好地支持和促进隧道内多工作面施工安排。

以 1 号斜井至区间风井段的多工作面施工为例，从 1 号斜井与隧道设计位置交汇处向小里程方向与大里程方向施工初期，供风距离较短，风筒布置简单，隧道内风筒布置如图 4.3-3 所示。在向小里程方向的掘进距离较大时，为实现在该段隧道掌子面的爆破初期支护工序与该段隧道的二次衬砌工序同时进行，需要解决的困难为：

问题一：多个工作面同时施工时，隧道掘进所需要的机具车辆与二次衬砌等工序需要的机具车辆需要同时在隧道内工作，应合理安排不同工序车辆的进出路线。

问题二：为进行隧道某段的二次衬砌工序，必须将该段悬挂的风筒撤下，即该段隧道无法承担送风任务，需要重新安排布置风筒在隧道内的悬挂位置。

问题三：隧道内工序增多，产生的废热及有毒有害气体增多，通风设施必须为隧道内提供足够的新鲜空气。

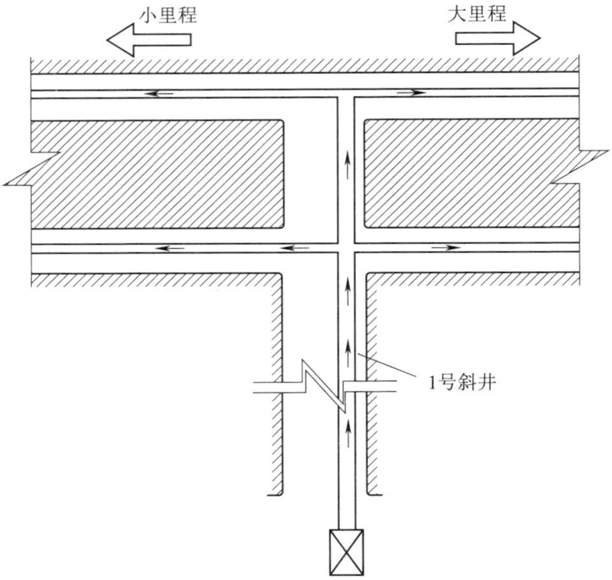


图 4.3-3　前期风筒布置

针对问题一，当向小里程方向区间风井的掘进里程较大时，在 DK35＋400 处开挖一处永久横通道，在 DK35＋620 和 DK35＋786 处开挖两处临时横通道，用于不同工作面车辆通过、物料和机具的运输。

针对问题二，在横通道开挖完成后，改变风筒的送风路线，利用临时横通道作为风筒悬挂的位置，绕过正在进行的二次衬砌工作面，使风筒能正常向小里程方向左线和右线爆破掌子面送风。区间风井至 1 号斜井共设置有 3 处横通道，选择作为风筒悬挂位置的横通道需要综合考虑隧道施工的周期以及横通道的位置，应考虑以下因素：

(1)为隧道二次衬砌工序留出足够的长度。例如选择 DK35＋786 横通道处使风筒分支，则能够进行二次衬砌工序的隧道长度较短，仅为 162 m，若完成该段后需要继续进行二次衬砌工序，需要将风筒分支的位置向施工方向二次前移，增加工作量。

(2)不应使其他工作面工序推迟过长时间。若选择 DK35＋400 横通道处使风路分支，则隧道开掘到该处所需要的工期较长，会延迟左线二次衬砌工序的进行，失去多工作面施工的条件。

(3)可施工的进度适当调整风筒分支位置。例如当隧道施工长度较长或工期紧张时，可在开掘的第一个横通道处使风筒分支，进行隧道已拆除风筒部分的二次衬砌工序和掌子面掘进工序。当后续的横通道开挖完成后，将风筒分支的位置随掘进方向前移，继续进行隧道已拆除风筒部分的二次衬砌工序和掌子面掘进工序。按该方法推进，可实现最大效率的平行流水作业。缺点为风筒的拆除和悬挂程序比较烦琐，增加工作量，应视隧道施工的实际情况决定是否采用该方案。

针对问题三，设计风机风量时，按照通风最困难时期的参数进行计算，同时充分利用其他通风辅助措施。

以 1 号斜井至区间风井段的多工作面施工为例，施工后期掘进距离较大时，1 号斜井风机产生的风流经风筒向小里程方向输送时，风筒进入隧道正洞后不直接分支，而是绕过左线正在进行的二次衬砌施工段，由右线不进行二次衬砌施工的隧道段向小里程方向输送，在 DK35＋620 临时横通道处进行分支，一支经过临时横通道向左线爆破掌子面送风，另一支沿原路径向右线爆破掌子面送风。爆破掌子面所使用的出渣车、装载机、喷浆车等车辆利用 DK35＋400 永久横通道和 DK35＋620 临时横通道进出工作面，从而不影响二次衬砌工序所使用的混凝土罐车及地泵等车辆机具进出工作面，如图 4.3-4 所示。

在观科区间全程施工中，根据施工进度的要求，在其他设置有横通道的工区中，将风筒按以上方法布置可实现多工作面施工条件下对于隧道供风的要求，有效加快隧道施工进度。

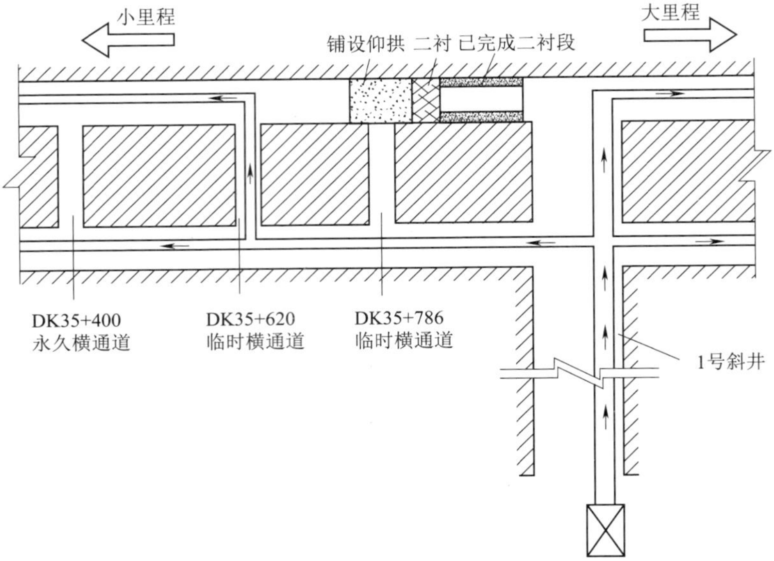


图 4.3-4　后期风筒布置

观科区间按里程由小到大设置渡线段明挖斜井、新增斜井、区间风井、1 号斜井、新增竖井 5 个施工辅助坑道用于运输物料、协助通风、车辆机具的进出以及增加工作面,加快施工进度。

隧道未贯通之前,渡线段明挖斜井承担向大里程方向工区的施工任务,新增斜井、区间风井、1 号斜井分别承担向小里程方向和大里程方向相向开挖的施工任务,新增竖井承担向小里程方向工区的施工任务。

观科区间隧道全程通风方案规定在各个工区未贯通之前,在渡线段明挖斜井处设置 1 台风机向大里程方向隧道送风,在新增斜井处设置 1 台风机向小里程方向与大里程方向隧道送风,在区间风井地表设置 1 台风机向小里程方向与大里程方向隧道送风,在 1 号斜井设置 1 台风机向小里程和大里程方向隧道送风,在新增竖井上方设置 1 台风机向小里程方向隧道送风。观科区间共设置 5 台风机承担通风任务,如图 4.3-5 所示。

在设计通风方案时,按照通风要求最高的 1 号斜井计算通风参数并进行设备选型,观科区间其他工区的通风设备按照 1 号斜井通风方案进行设备选型和布置就可以满足要求,风机全部选用 SDF(B)型 NO12.5 轴流式风机,风筒选用 $\phi$1 500 mm 和 $\phi$1 200 mm 强力双抗的橡胶软管。

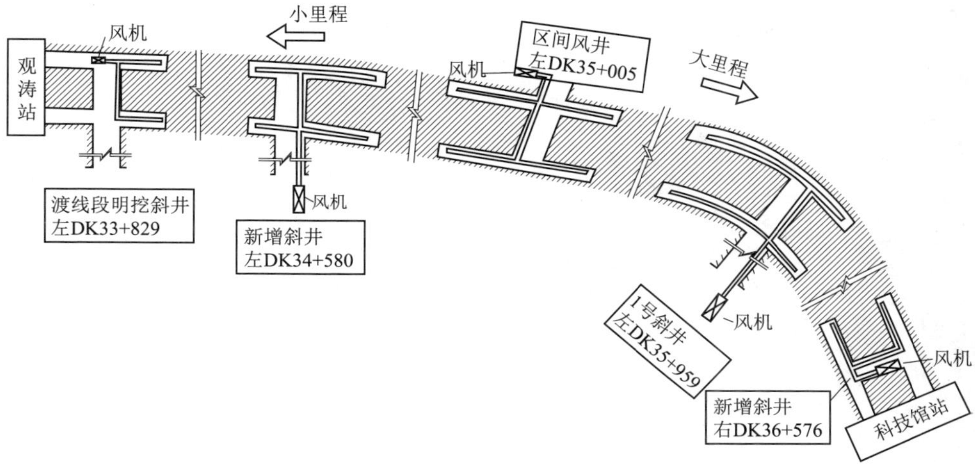


图 4.3-5　全程风机布置图

### 4.3.2　排水系统

隧道出口施工为顺坡施工，排水采用顺坡自然排水，只在开挖面与仰拱区间设抽水设备，抽水设备为高压潜水泵，水泵将施工污水抽至成形水沟内自然顺坡排入洞口左侧水坑废水处理池，污水经处理达标后排放至潮河。

反坡施工即向洞内施工前进方向纵坡为下坡，洞内水向工作面汇集，需要及时抽排，以防止施工掌子面水积聚过深，影响隧道围岩的稳定性和隧道施工的机械设备及施工人员的安全，影响正常的施工生产。

隧道进口施工为反坡施工，排水主要采用机械排水，设多级泵站接力排水(图 4.3-6)，工作面积水采用移动式潜水泵抽至就近泵站或临时积水坑内，其余已施工完成地段，隧道渗水经隧道内侧沟自然汇集到临时积水坑或泵站水池内。临时积水坑及泵站内积水由固定式排水泵站接力将洞内积水抽排至洞外污水处理池，经污水处理池处理达标后再排放。

隧道进口段有岩层富水地段，固定式排水泵站水仓容量按正常围岩渗水、施工废水及设计最大涌水量 5 200 $m^3/d$ 的流量设计，并考虑方便清淤和施工方便，临时集水坑根据不同地段渗水情况确定其大小。排水泵按使用 1 台、备用 1 台、检修 1 台考虑，并设专业队伍进行管理和操作。

隧道内纵坡均为下坡，隧道进口坡度为 0.5%，隧道内坡长 737 m；其余坡度为 1.2%，坡长 5 648 m。隧道纵坡坡度较缓适合采用较长距离开挖固定式集水坑作为泵站，用小集水泵将开挖面的积水抽到最近的集水坑内，再用大功率泥浆泵通过排水管道将水排到洞外，如图 4.3-7 所示。

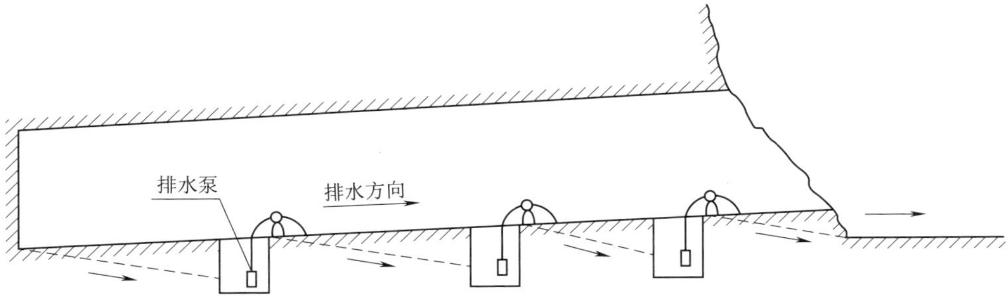


图 4.3-6 多级泵站接力排水

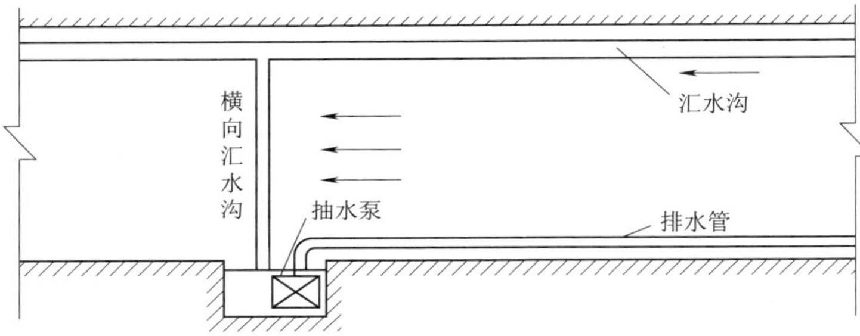


图 4.3-7 纵坡排水平面图

本隧道围岩渗水量比较大，有富水地段，在布置固定式排水泵站时将考虑排水泵的扬程，拟每 1 000 m 设置固定式排水泵站一个。水质除地下水的本身成分外，主要还有岩石、石屑、泥浆，同时还有喷射混凝土的回弹物掺杂物，所以，选用污水污物潜水电泵。根据扬程合理选用水泵型号。洞内泵站间水量递增较大，为考虑到在管理、操作维修上的方便，泵站间高差相近，选用型号相同水泵，只是在设备数量上相应增加。工作面移动水泵，选用移动轻便的水泵，实际操作根据水量大小在数量上予以增减。

根据洞内水量情况，结合选配的抽水设备，正常施工排水采用 3 套管路。可根据隧道施工后洞内渗水情况增加管路：2 套为 $\phi$150 mm 无缝钢管（一路检修备用，一路日常使用）；1 套为 $\phi$80 mm 消防软管（工作面上移动集水）。

集水坑设于洞内左侧。临时集水坑的容量按该段 15 min 的汇水量加上施工用水量（每工作面 20～30 $m^3$/d）合计确定，一般集水坑尺寸为 2 m（长）×2 m（宽）×1.0 m（深），容量4 $m^3$，可根据实际情况进行调整大小。

### 4.3.3 供电系统

隧道施工用电由 10 kV 高压线“T”接点处引入洞口变压器后，提供各洞口生产、生活用电，1 号斜井、2 号斜井及区间风井各设置 800 kVA 变压器 1 台，同时配备 1 台 500 kW 发电机、1 台 50 kW 发电机备用，以满足施工和生活用电。因隧道单口掘进较长，压降较大，将变压器移至洞内，进洞采用电缆引 10 kV 高压电至洞内变电器。

照明电压：作业地段不得大于 36 V，成洞和不作业地段可采用 220 V；成洞地段固定的电线路，用绝缘良好的胶皮线架设，照明灯纵向间隔 15 m 布置一处。衬砌、开挖等施工地段，加设照明设备，以满足施工照明。施工地段的临时电线路宜采用橡套电缆，隧道内设应急照明设备，该设备必须在短路或供电中断时，能自动接通并能连续工作 2 h 以上，应急设备布设间距为 30 m。

照明和动力线分层架设，电缆线悬挂高度距行人地面不小于 2 m。动力干线上的每一分支线装设开关及保险，禁止在动力线路上加挂照明设施。同时做到“一机一闸一漏保”。

观科区间施工现场采用 TN-S 接零保护系统，三相五线制供电，三级配电系统，采用逐级漏电保护系统，开关箱实行“一机、一闸、一箱、一漏”。

现场提供箱式变压器外观为整体结构，内部分隔为高压室、变压器室、低压室，低压室内设置二面出线柜，每个箱变内都装有 DZ20Y315A 自动断路器三路和 DZ20Y250A 自动断路器三路，以上各断路器均具有漏电保护功能，电源变压器中性点接地已由业主指定专业施工队伍施工安装，PE 接线端子以引至出线柜。引接电源埋地敷设采用 YJV 电缆由出线柜漏电断路器至施工现场总配电箱（A 级配电箱），再由总配电箱分配给各分配电箱（B 级配电箱），最后到开关箱（C 级开关箱）。根据现场情况总配电箱出线采用放射式和树干式相结合的配电方式，对负荷比较大的电动空压机、起重机械等采用单独回路配电，对负荷较远且较小的用电设备电源可采用树干式配电方式。1 号斜井用电平面布置如图 4.3-8 所示。

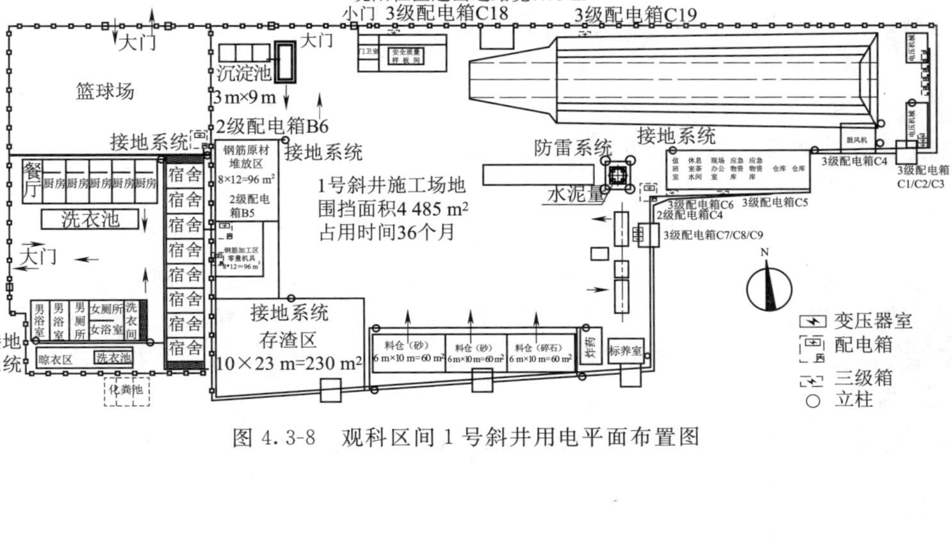


图 4.3-8　观科区间 1 号斜井用电平面布置图

# 第5章　进度管理

进度是建筑工程项目管理的重点，与质量管理有机结合形成一个反应工程项目实施状况的综合性指标，对施工进度进行优化，缩短工期，能够从根本上节约成本，提高企业的经济效益。但是工程项目作为一项系统的工程，其规模庞大、投资金额大、建设周期长，并由若干单位工程组成一个整体，与很多单位相互关联，相互制约。因此，在工程施工过程中难免会出现许多阻碍因素影响施工进度，使工程的实际进度偏离计划进度，严重的还会导致工程延期。

进度管理包括进度计划和进度控制两个方面。进度计划在工程量估算基础上，根据工作结构分解结果，安排各项工作先后顺序，结合资源供应和施工组织安排，估算各工作持续时间，在优化调整的基础上确定项目进度计划。在实施的过程中对计划进行控制调整，保证项目工期目标的实现。

青岛 8 号线观科区间项目工程内容复杂，进度要求紧，所以做好青岛 8 号线观科区间施工项目进度难点的分析十分重要，从关键上把握项目的重点。

1. 特点

区间穿越建筑物均无高层建筑，主要穿越观涛社区、沟角村社区（部分已拆迁）两社区 1 层建筑物，侧穿晓阳社区（已拆迁）。根据最新地质勘察报告，区间主要穿越微风化流纹岩及流纹质凝灰岩微风化带，根据统筹安排，区间设置斜井 2 座、风井 1 座，配合区间正线施工，渡线明挖斜井位于观涛社区东侧荒地，区间风井位于沟角社区西侧荒地，斜井位于岙东南路西侧空地内。线路曲线半径小（$R$=500 m），开挖工法转换较多。施工组织难度大，施工风险高。

2. 重点分析

(1)确保业主要求的总工期和节点工期目标实现是本工程施工组织工作重点

本工程线路较长、接口多，区间开挖出渣等工序大部分采用竖井，风井垂直提升，且不可预见的因素多，周边环境对施工标准的要求高，组织协调难度较大，如何快速、顺利完成上述工作，力争快速进场，早日开工，确保业主要求的节点工期是本工程重点。

应对措施：

①立即成立组建有多年类似地铁工程施工经验的项目管理团队，健全管理机构。

②制定科学的施工组织设计，设立阶段性里程碑工期和节点工期目标，以实现阶段性里程碑工期和节点工期目标来确保总工期目标的实现。

③以保证节点工期为目标，合理筹划、统一部署，制定科学的工程筹划预案和工程进度预案，对工程进度进行动态管理，信息化指导施工，保证关键线路的可控。

④配足资源，确保工期目标。配足管理人员、技术人员、专业技术工人；根据工程进度要求，配足设备资源，并适当给予富余量；提前做好物资供应计划，做到工前料齐。

⑤抓关键线路工作，开展劳动竞赛活动，调动全员积极性；优化现场工序衔接，各工序合理展开、紧凑搭接，形成平行流水作业，缩短工期。

(2)施工安全控制是本工程重点

本工程施工工法多，工序复杂，施工交叉作业多。因此施工安全控制是本工程的重点。

应对措施：

①贯彻落实各阶段、各时期国家、业主在安全生产方面的指令与要求，增强员工在安全生产方面的技能与意识，在严格控制人员入场的基础上，定期与不定期进行安全教育培训工作，并制定安全培训计划和制度。

②确保安全费用投入到位，针对危险性高、交叉作业点多等特殊地段投入足够的安全生产专项资金，加大安全技术措施工程建设，安全设备、设施的更新和维护，劳动保护用品配备等方面的资金投入。

③配备足够的安全管理人员，配备齐全的安全检测设备，开展周检、月检、季检等定期检查，针对特殊地带和特殊时间开展专项检查，并加强整改的考核力度，确保各风险点监控到位。

④严格按照施工图、规范、专项方案进行施工，严格控制初期支护施工质量，细化工序，建立现场质量管理台账，建立各级管理制度，每个工序“多控、复检”，对施工可能存在的薄弱环节，要指派专人进行检查；减少工序衔接时间，对工序停滞、衔接不畅等问题及时分析，找出原因制订应对措施，做到问题不解决，责任人不离开作业点；加强洞内及地面变形沉降观测。

(3)确保周边建构筑物安全是施工重点

区间下穿观涛社区、沟角社区。施工中必须采取强有力的保证措施，保证周边环境的安全和正常使用，才能保证工程的正常施工。

应对措施：

①减少区间隧道施工过程中地层的损失及控制房屋处地面振动速度(控制施工爆破振速不得大于 0.5 cm/s)，加强超前支护、保持隧道掌子面的稳定、阻断地下

水的流失、及时封闭洞圈以尽量减少区间隧道的变形，从而减小地面的沉降槽以及由此引起房屋的不均匀沉降。在过房屋地段，区间隧道的施工须坚持“管超前、严注浆、短开挖、强支护、早封闭、勤量测”的原则。

②对于观涛社区，根据建筑物的基础资料、地勘资料、结构形式等，对可能产生较大沉降的建筑物进行鉴定，根据鉴定结果，对一些预测沉降量较大或对沉降敏感的建筑物，在矿山法施工掌子面到达前，对其基础进行袖阀管注浆加固，施工过程中根据量测反馈资料进行跟踪注浆，其具体做法如下：在房屋周边地面设置竖直或斜向注浆管，使注浆管前端位于受影响的基础下方，根据量测资料，对于临近警界值的部分进行跟踪注浆。每次注浆后，应及时冲洗注浆管，以便能多次重复注浆。注浆过程中应注意控制注浆压力，防止注浆压力过大，造成对房屋基础的破坏。加强地面监测工作，必要时对隧道上方 100 m 范围内房屋进行临时疏散。

③区间下穿沟角社区时区间上覆超过 20 m 微风化流纹岩，暂不采取地面预加固，暗挖施工时应严控爆破振动，爆破振动控制在 0.5 cm/s，并建立完善的监控量测系统，加强监测，如发生较大变形，应及时反馈设计、监理及业主单位，及时调整设计参数。

3. 难点分析

(1)施工爆破安全控制是本工程的难点

本区间采用矿山法开挖，区间斜井采用明挖法开挖，需采用爆破施工，且区间下穿观涛社区、沟角社区。隧道局部穿越流纹质凝灰岩(砂土状破碎岩)，且覆土较浅。因此，降低爆破施工对环境的影响，确保爆破不对周围人员、设备、建(构)筑物、支护结构等造成危害是本工程的难点。

应对措施：

①在进行爆破施工时，事先编制作业方案，报经上级主管部门批准，并经市公安局审批，取得《爆炸物品使用许可证》后，方可进行爆破作业。

②当基坑基岩出露，需要进行爆破施工时，根据工程要求、地质条件、工程量大小、周边环境选用恰当的爆破方法。

③明挖段爆破离地表较近，爆破时采取近体覆盖防护和拉网覆盖的双层覆盖防护措施，防止飞石逸出。

对于大体积部位，爆破前将爆破岩面认真覆盖，在每个炮口位置堆放两个以上沙包，然后覆盖钢板，钢板上和钢板搭接处要堆放足够的沙包，保证石块不飞出伤害人员和损坏设备，将爆破飞石控制在安全范围内；同时在井口位置覆盖 1～2 层尼龙防护网。

④进行爆破时，严格控制爆破振动、爆破飞石及爆破冲击，确保爆破不对周围人员、设备、建(构)筑物、支护结构造成危害。

⑤基坑爆破宜采用浅孔爆破法，即炮孔直径不超过50 mm，炮孔深度不超过5 m的爆破方式。

⑥在水下或潮湿的条件下进行爆破时，宜采用抗水炸药，如果使用宜受潮的炸药、雷管和导火索等，必须采取防水措施。

⑦爆破施工点距支护结构3～5 m时，采用适当的保护措施，比如采用预裂爆破形成隔震带、创造良好的临空面后采用精细微差爆破、机械破碎等。

⑧为把钻爆施工对环境的影响限制在最低程度，最大爆破振动速度一般控制在设计允许范围以内。

(2)加强与相关单位的协调是本工程施工管理的难点

本工程实施过程中涉及的单位多、人员杂，环境复杂，工作量大，协调任务重。

应对措施：

①专门的组织。项目部成立专门的对外协调联络小组，由项目经理任组长，项目副经理为常务副组长，选派对外联络经验丰富的人员，专职处理对外协调的日常事务工作，全面负责对外协调联系。其余相关部门负责人必须参加对外协调小组日常会议，协助对外小组处理相关工作。

②制定计划。项目部组织相关人员进行协调与接口的策划，详细估计施工准备阶段、施工阶段可能产生的各种干扰，如街道办、交管部门、居民、相邻标段、其他施工等可能产生的接口与干扰，制定分阶段协调计划。

③监督落实。根据各阶段的任务与计划，积极与相关单位落实处理计划，并随时跟踪计划的进展情况，发现滞后情况，积极进行协调，协助制定改进措施，确保不因接口协调问题造成工程延误。

(3)确保结构防水质量，保证不渗、不漏、不裂是本工程的难点

防水质量的好坏与结构质量和耐久性紧密联系，同时对以后的正常运营有着重大影响。混凝土浇筑后，有害裂缝的存在不但影响着结构的防水效果，达不到设计防水要求，而且直接影响着结构的安全。本工程防水的施工工艺繁杂，特别是区间、联络通道与区间隧道等接口较多，接口是不同防水方式和工艺的结合处，防水过渡连接难度大。接口施工相互影响大，易对施工完成的防水体系造成破坏。因此，确保结构防水质量，保证不渗、不漏、不裂是本工程的重点和难点。

应对措施：

①确保混凝土的自防水效果。结构混凝土采取分段浇筑，以减少混凝土的一次浇筑量，控制混凝土的温度应力和混凝土的收缩量。高度重视混凝土的振捣，保证混凝土的匀质性和密实度。加强防水混凝土终凝后的养护，消除混凝土早期干

缩裂纹。钻爆段衬砌混凝土要控制混凝土的和易性和模内养护时间，重视混凝土的振捣，保证混凝土的匀质性和混凝土的密实度。

②加强防水层的施工质量控制。严格控制防水材料的原材料质量，对每一批防水材料检验后方可用于工程施工。按成熟的工艺施工防水层，并做好检验工作，保证其施工质量。加强对已施工完成的防水层的保护，在防水层施工完成需要施作钢筋时，要设置阻燃的硬质材料进行衬垫，防止烧坏、扎破防水层。

③加强接缝的防水质量控制。严格各种类型缝的止水装置安装规范，保证安装质量，以达到防水效果。接缝防水严把材料质量关，同时采取有效措施严格控制现场施工质量。施工时采用“合格的原材料，专业的施工队伍，双重的质量控制”来实现确保质量的目的。

## 5.1 工程进度计划

### 5.1.1 项目进度计划的目的

项目进度计划将所要执行的工作任务以及各个任务之间的关系，预计任务的进行时间，以及资源的分配时间问题都列出来。一个完整的项目进度计划应该能反映出项目的整个实施过程，其中包括：工作的分解结构、资源的相关计划、工作量的估算、项目质量管理计划等。项目进度计划除了起到工作的整合作用之外，还对项目的预算、预定资源的计划起到决定作用，是项目管理的至关重要的一部分。该项目的特点之一，是一个严格的时间设置，所以项目进度计划的目的是在特定的时间范围内，保证质量和数量，以完成项目的建立，可以看出，在项目实施的过程当中，进度管理存在于它的每一个部分，要使项目顺利完成，那么使用一个优秀的项目进度管理计划是必不可少的，同时这也是不可或缺的一个部分。

### 5.1.2 项目进度计划的制定步骤

在对一个项目实施的过程中，通常都要编制出每个阶段实施的进度计划以及不同的项目进度计划，编制一个好的项目进度计划，是一个非常复杂的过程，如图 5.1-1 所示，制定的步骤如下：

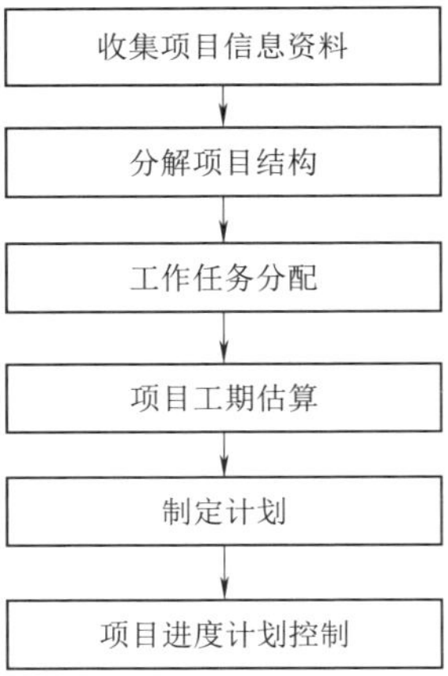


图 5.1-1 制定项目进度计划步骤图

(1)收集项目信息资料。资料包含的内容有：项目的背景、目标、范围，项目的实施单位、实施的条件以及施工人员的数量、作业水平。

(2)分解项目结构。通过一些工具，将工程项目由复杂的内容分解细化，形成一个明确的任务。

(3)工作任务分配。将项目分解后的具体工作划分到个人,确定负责人,实行责任制。

(4)项目工期估算。工期估算指完成项目所需的总时间,可以用类比估计法和专家判断法,除了这两种方法还有单一时间、三个时间估计法等。这是制定项目进度计划非常重要的一个环节,因此要尽量做到全方位考虑。

(5)制定计划。制定进度计划的方式有很多,可以使用甘特图法、CPM、PERT等网络计划方法,并通过制定项目进度计划,使项目能够实现节约成本投入,节约项目时间。

(6)项目进度计划的控制。通过一些图像表示方法,实现对项目进行过程的监测作用,及时了解项目的发展情况,具体方法有:横道图法、S 曲线对比法。

### 5.1.3　观科区间进度计划安排

观科区间土建工程项目一级工作结构分解如图 3.1-1 所示,在各子项目组成中,观科区间正线工程量见表 4.1-1,渡线明挖斜井、新增 2 号斜井、区间风井、1 号斜井、新增竖井见表 5.1-1～表 5.1-5。

**表 5.1-1　渡线明挖斜井兼 1 号联络通道工程量**

| 序号 | 项　目 | 单位 | 数　值 | 备　注 |
|---|---|---|---|---|
| 1 | 石方(开挖) | $m^3$ | 2 862.747 | 石方开挖 |
| 2 | 锁口圈梁混凝土(C30) | $m^3$ | 75.650 | 初期支护 |
| 3 | 锁口圈梁钢筋(HRB400/HPB300) | | 6.087 | |
| 4 | 钢筋网片(HPB300) | t | 4.819 | |
| 5 | 格栅钢架(HRB400/HPB300) | t | 71.226 | |
| 6 | 喷射混凝土(C25) | $m^3$ | 474.842 | |
| 7 | $\phi$25 中空注浆锚杆 | m | 3 960 | |
| 8 | 超前小导管($\phi$42、$t$=3.25 mm) | m | 114.000 | |
| 9 | 超前小导管注浆(1∶1水泥浆) | $m^3$ | 5.700 | |
| 10 | 格栅锁脚锚管($\phi$32) | m | 784 | |
| 11 | 锁脚锚管(1∶1水泥浆) | m | 39.2 | |
| 12 | 工 20b 工字钢横撑 | m | 190.000 | |
| 13 | 混凝土 C45,P12 | $m^3$ | 57.372 | 主体结构 |
| 14 | 钢筋(HPB300/HRB400) | t | 11.474 | |

续上表

| 序号 | 项　目 | 单位 | 数　值 | 备　注 |
|---|---|---|---|---|
| 15 | 底板 50 mm 厚 C20 细石混凝土保护层 | $m^3$ | 2.520 | 防水工程 |
| 16 | 1.5 mm 厚预铺式高分子自粘胶膜防水卷材 | $m^2$ | 192.234 | |
| 17 | 400 g/$m^2$ 的短纤土工布 | $m^2$ | 192.234 | |
| 18 | 丁基橡胶腻子镀锌钢板止水带 | m | 28 | |
| 19 | 中埋式钢边橡胶止水带 | m | 27.462 | |
| 20 | 水泥基渗透结晶防水涂料（用量不小于 1.5 kg/$m^2$，厚度不小于 1.0 mm） | $m^2$ | 8.400 | |
| 21 | 外贴式橡胶止水带 | m | 27.462 | |
| 22 | 聚硫密封胶（2 cm×2 cm） | m | 27.462 | |
| 23 | 1.0 mm 厚不锈钢板接水盒 | m | 27.462 | |
| 24 | 变形缝衬垫板（2 cm 厚） | $m^2$ | 8.239 | |
| 25 | 黏土回填 | $m^3$ | 219.05 | 回填 |
| 26 | 3∶7土石回填 | $m^3$ | 1 066.858 | |
| 27 | C20 混凝土 | $m^3$ | 1 101.977 5 | |
| 28 | 初期支护凿除 | $m^3$ | 100.85 | |
| 29 | 防火门 | 扇 | 4.00 | |

**表 5.1-2　新增 2 号斜井工程量**

| 序号 | 项　目 | 单位 | 数　值 | 备　注 |
|---|---|---|---|---|
| 1 | 石方（开挖） | $m^3$ | 11 679 | |
| 2 | 格栅钢架（HRB400/HPB300） | t | 171.922 | 初期支护 |
| 3 | 钢筋网片（HPB300） | t | 14.640 | |
| 4 | 喷射混凝土（C25） | $m^3$ | 1 719.218 | |
| 5 | $\phi$25 中空注浆锚杆 | m | 6 896.664 | |
| 6 | 超前小导管（$\phi$42、$t$=3.25 mm） | m | 114.000 | |
| 7 | 超前小导管注单液浆（1∶1水泥浆） | $m^3$ | 5.700 | |
| 8 | 格栅锁脚锚管（$\phi$32） | m | 3 601.052 | |
| 9 | 锁脚锚管（1∶1水泥浆） | m | 180.053 | |
| 10 | 明挖段冠梁混凝土（C30） | $m^3$ | 89.6 | |
| 11 | 明挖段冠梁钢筋（HRB400/HPB300） | t | 13.44 | |
| 12 | 18 槽钢腰梁 | m | 420 | |

续上表

| 序号 | 项　　目 | 单位 | 数　　值 | 备　注 |
|---|---|---|---|---|
| 13 | 混凝土 C45,P12 | $m^3$ | 114.744 | 主体结构 |
| 14 | 钢筋(HPB300/HRB400) | t | 22.949 | |
| 15 | 底板 50 mm 厚 C20 细石混凝土保护层 | $m^3$ | 5.040 | 防水工程 |
| 16 | 1.5 mm 厚预铺式高分子自粘胶膜防水卷材 | $m^2$ | 384.468 | |
| 17 | 400 $g/m^2$ 的短纤土工布 | $m^2$ | 384.468 | |
| 18 | 中埋式钢边橡胶止水带 | m | 40.193 | |
| 19 | 丁基橡胶腻子镀锌钢板止水带 | m | 56 | |
| 20 | 水泥基渗透结晶防水涂料<br>(用量不小于 1.5 $kg/m^2$,厚度不小于 1.0 mm) | $m^2$ | 16.800 | |
| 21 | 外贴式橡胶止水带 | m | 27.462 | |
| 22 | 聚硫密封胶(2 cm×2 cm) | m | 27.462 | |
| 23 | 1.0 mm 厚不锈钢板接水盒 | m | 27.462 | |
| 24 | 变形缝衬垫板(2 cm 厚) | $m^2$ | 8.239 | |
| 25 | 黏土回填 | $m^3$ | 1 890 | 回填 |
| 26 | 3∶7土石回填 | $m^3$ | 3 497.554 | |
| 27 | C20 混凝土 | $m^3$ | 4 423.485 | |
| 28 | 初期支护凿除 | $m^3$ | 148.75 | |

**表 5.1-3　区间风井间兼 2 号联络通道工程量**

| 序号 | 项　　目 | 单位 | 数　　值 | 备　注 |
|---|---|---|---|---|
| 1 | $\phi$146 钢管桩($t$=5 mm,间距 0.8 m) | t | 97.356 | 围护结构 |
| 2 | 土钉主筋 HRB335,$\phi$20 钢筋 | t | 17.044 | |
| 3 | 支架钢筋 HRB300 | t | 0.833 | |
| 4 | 锚杆成孔体积 | $m^3$ | 78.132 | |
| 5 | 水泥砂浆 | $m^3$ | 78.132 | |
| 6 | 土方 | $m^3$ | 966.56 | 土石方工程 |
| 7 | 石方 | $m^3$ | 95 634.72 | |
| 8 | C40 混凝土 | $m^3$ | 4 544.52 | 主体结构 |
| 9 | C45 混凝土 | $m^3$ | 269.53 | |
| 10 | HRB400 钢筋 | t | 1 443.212 | |

续上表

| 序号 | 项　　目 | 单位 | 数　　值 | 备　注 |
|---|---|---|---|---|
| 11 | 管井 | m | 200 | 降水 |
| 12 | 细石混凝土保护层 | $m^3$ | 49.32 | 防水 |
| 13 | 柔性防水卷材 | $m^2$ | 24 601.5 | |
| 14 | 中埋式止水带 | m | 277.2 | 施工缝 |
| 15 | 遇水膨胀止水条 | m | 1 108.8 | |
| 16 | 钢边橡胶止水带 | m | 255.6 | 变形缝 |
| 17 | 外贴式止水带 | m | 255.6 | |
| 18 | 聚硫密封胶 | m | 255.6 | |
| 19 | 变形缝衬垫板 | $m^2$ | 286.72 | |

**表 5.1-4　区间 1 号斜井兼区间 4 号联络通道及泵房工程量**

| 序号 | 项　　目 | 单位 | 数　　值 | 备　注 |
|---|---|---|---|---|
| 1 | 石方(开挖) | $m^3$ | 11 679 | |
| 2 | 格栅钢架(HRB400/HPB300) | t | 171.922 | 初期支护 |
| 3 | 钢筋网片(HPB300) | t | 14.640 | |
| 4 | 喷射混凝土(C25) | $m^3$ | 1 719.218 | |
| 5 | $\phi$25 中空注浆锚杆 | m | 6 896.664 | |
| 6 | 超前小导管($\phi$42、$t$=3.25 mm) | m | 114.000 | |
| 7 | 超前小导管注单液浆(1∶1水泥浆) | $m^3$ | 5.700 | |
| 8 | 格栅锁脚锚管($\phi$32) | m | 3 601.052 | |
| 9 | 锁脚锚管(1∶1水泥浆) | m | 180.053 | |
| 10 | 明挖段冠梁混凝土(C30) | $m^3$ | 89.6 | |
| 11 | 明挖段冠梁钢筋(HRB400/HPB300) | t | 13.44 | |
| 12 | 18 槽钢腰梁 | m | 420 | |
| 13 | 混凝土 C45,P12 | $m^3$ | 114.744 | |
| 14 | 钢筋(HPB300/HRB400) | t | 22.949 | |
| 15 | 底板 50 mm 厚 C20 细石混凝土保护层 | $m^2$ | 5.040 | |
| 16 | 1.5 mm 厚预铺式高分子自粘胶膜防水卷材 | $m^2$ | 384.468 | 主体结构 |
| 17 | 400 g/$m^2$ 的短纤土工布 | $m^2$ | 384.468 | |

续上表

| 序号 | 项　目 | 单位 | 数　值 | 备　注 |
|---|---|---|---|---|
| 18 | 中埋式钢边橡胶止水带 | m | 40.193 | 防水工程及回填 |
| 19 | 丁基橡胶腻子镀锌钢板止水带 | m | 56 | |
| 20 | 水泥基渗透结晶防水涂料<br>(用量不小于 1.5 $kg/m^2$,厚度不小于 1.0 mm) | $m^2$ | 16.800 | |
| 21 | 外贴式橡胶止水带 | m | 27.462 | |
| 22 | 聚硫密封胶(2 cm×2 cm) | m | 27.462 | |
| 23 | 1.0 mm 厚不锈钢板接水盒 | m | 27.462 | |
| 24 | 变形缝衬垫板(2 cm 厚) | $m^2$ | 8.239 | |
| 25 | 黏土回填 | $m^3$ | 1 890 | |
| 26 | 3∶7土石回填 | $m^3$ | 3 497.554 | |
| 27 | C20 混凝土 | $m^3$ | 4 423.485 | |
| 28 | 初期支护凿除 | $m^3$ | 148.75 | |
| 29 | 防火门 | 扇 | 4.00 | |

**表 5.1-5　新增竖井工程量**

| 序号 | 项　目 | 单位 | 数　值 | 备　注 |
|---|---|---|---|---|
| 1 | 石方(开挖) | $m^3$ | 2 862.747 | 石方开挖 |
| 2 | 锁口圈梁混凝土(C30) | $m^3$ | 75.650 | 初期支护 |
| 3 | 锁口圈梁钢筋(HRB400/HPB300) | t | 6.087 | |
| 4 | 钢筋网片(HPB300) | t | 4.819 | |
| 5 | 格栅钢架(HRB400/HPB300) | t | 71.226 | |
| 6 | 喷射混凝土(C25) | $m^3$ | 474.842 | |
| 7 | $\phi$25 中空注浆锚杆 | m | 3 960 | |
| 8 | 超前小导管($\phi$42、$t$=3.25 mm) | m | 114.000 | |
| 9 | 超前小导管注浆(1∶1水泥浆) | $m^3$ | 5.700 | |
| 10 | 格栅锁脚锚管($\phi$32) | m | 784 | |
| 11 | 锁脚锚管(1∶1水泥浆) | m | 39.2 | |
| 12 | 工 20b 工字钢横撑 | m | 190.000 | |
| 13 | 混凝土 C45,P12 | $m^3$ | 57.372 | 主体结构 |
| 14 | 钢筋(HPB300/HRB400) | t | 11.474 | |

续上表

| 序号 | 项 目 | 单位 | 数 值 | 备 注 |
|---|---|---|---|---|
| 15 | 底板 50 mm 厚 C20 细石混凝土保护层 | $m^3$ | 2.520 | 防水工程 |
| 16 | 1.5 mm 厚预铺式高分子自粘胶膜防水卷材 | $m^2$ | 192.234 | |
| 17 | 400 g/$m^2$ 的短纤土工布 | $m^2$ | 192.234 | |
| 18 | 丁基橡胶腻子镀锌钢板止水带 | m | 28 | |
| 19 | 中埋式钢边橡胶止水带 | m | 27.462 | |
| 20 | 水泥基渗透结晶防水涂料（用量不小于 1.5 kg/$m^2$，厚度不小于 1.0 mm） | $m^2$ | 8.400 | |
| 21 | 外贴式橡胶止水带 | m | 27.462 | |
| 22 | 聚硫密封胶（2 cm×2 cm） | m | 27.462 | |
| 23 | 1.0 mm 厚不锈钢板接水盒 | m | 27.462 | |
| 24 | 变形缝衬垫板（2 cm 厚） | $m^2$ | 8.239 | |
| 25 | 黏土回填 | $m^3$ | 219.05 | 回填 |
| 26 | 3∶7土石回填 | $m^3$ | 1 066.858 | |
| 27 | C20 混凝土 | $m^3$ | 1 101.977 5 | |
| 28 | 初期支护凿除 | $m^3$ | 100.85 | |
| 29 | 防火门 | 扇 | 4.00 | |

本区间工程工期 2017 年 3 月开始，2019 年 12 月竣工，具体计划安排见表 5.1-6。

**表 5.1-6 观科区间土建工程进度计划安排表**

| 序号 | 任务名称 | 工期(d) | 开始时间 | 结束时间 |
|---|---|---|---|---|
| 1 | 观科区间土建工程 | 995 | 2017 年 3 月 20 日 | 2019 年 12 月 15 日 |
| 1.1 | 施工准备 | 31 | 2017 年 3 月 20 日 | 2017 年 3 月 31 日 |
| 1.2 | 渡线明挖斜井 | 240 | 2017 年 4 月 1 日 | 2017 年 12 月 31 日 |
| 1.3 | 1 号斜井 | 210 | 2017 年 6 月 30 日 | 2018 年 1 月 30 日 |
| 1.4 | 风井 | 180 | 2018 年 1 月 20 日 | 2018 年 6 月 19 日 |
| 1.5 | 新增竖井 | 102 | 2018 年 3 月 10 日 | 2018 年 6 月 19 日 |
| 1.6 | 新增 2 号斜井 | 87 | 2018 年 3 月 25 日 | 2018 年 6 月 19 日 |
| 1.7 | 暗挖区间施工 | 494 | 2018 年 6 月 20 日 | 2019 年 10 月 20 日 |
| 1.7.1 | 暗挖区间开挖、初期支护 | 365 | 2018 年 6 月 20 日 | 2019 年 6 月 20 日 |
| 1.7.2 | 暗挖区间二次衬砌 | 220 | 2019 年 3 月 15 日 | 2019 年 10 月 20 日 |
| 1.8 | 竣工验收、工程结算 | 55 | 2019 年 10 月 20 日 | 2019 年 12 月 15 日 |

二次衬砌施工标准断面：平均按照 4 m/d，非标准断面按照 3 m/d。观科区间二次衬砌施工工期安排详见表 5.1-7。

**表 5.1-7　观科区间二次衬砌施工工期安排表**

| 任务名称 | 任务名称 | 工期(d) | 开始时间 | 结束时间 |
| --- | --- | --- | --- | --- |
| 观科区间右线 | 观涛站方向 | 24 | 2019 年 3 月 15 日 | 2019 年 4 月 21 日 |
| | 射流风机 | 15 | 2019 年 6 月 10 日 | 2019 年 6 月 25 日 |
| | 标准段 | 200 | 2019 年 3 月 31 日 | 2019 年 10 月 20 日 |
| | 新增斜井 | 90 | 2019 年 5 月 18 日 | 2019 年 8 月 16 日 |
| | 区间风井 | 45 | 2019 年 6 月 16 日 | 2019 年 7 月 30 日 |
| | 1 号斜井 | 115 | 2019 年 4 月 1 日 | 2019 年 7 月 25 日 |
| | | 84 | 2019 年 4 月 20 日 | 2019 年 7 月 13 日 |
| | 新增竖井 | 40 | 2019 年 5 月 22 日 | 2019 年 7 月 2 日 |
| | | 15 | 2019 年 5 月 7 日 | 2019 年 5 月 21 日 |
| 观科区间左线 | 观涛站方向 | 32 | 2019 年 4 月 10 日 | 2019 年 5 月 28 日 |
| | 射流风机 | 14 | 2019 年 6 月 1 日 | 2019 年 6 月 15 日 |
| | 标准段 | 212 | 2019 年 3 月 20 日 | 2019 年 10 月 20 日 |
| | 新增斜井 | 90 | 2019 年 5 月 12 日 | 2019 年 8 月 10 日 |
| | 区间风井 | 39 | 2019 年 6 月 8 日 | 2019 年 7 月 16 日 |
| | 1 号斜井 | 133 | 2019 年 3 月 10 日 | 2019 年 7 月 21 日 |
| | | 122 | 2019 年 3 月 25 日 | 2019 年 7 月 25 日 |
| | 新增竖井 | 13 | 2019 年 7 月 26 日 | 2019 年 8 月 7 日 |

### 5.1.4　渡线段主体结构施工进度计划

渡线段主体结构施工过程中严格遵循“竖向分层，由下至上”的原则，主体结构长度为 32.4 m，根据变形缝应布置在主体结构与暗挖断面交接处的要求，一次性施工完成，竖向从底板开始，自下而上进行施工。

进度计划安排：结构底板及底板下翻梁，垫层 2 d、防水 2 d、钢筋混凝土；侧墙起0.85 m，施工计划为 2019 年 7 月 15 日～2019 年 8 月 2 日，共需要 18 d。机构侧墙与顶板，顶板梁，渡线段侧墙同时浇筑，施工计划为 2019 年 8 月 3 日～2019 年 9 月 10 日，共需要 38 d。

## 5.2 暗挖区间多工作面施工关键工序时间计算

观科区间地铁暗挖隧道工作结构分解如图 4.1-1 所示，该地铁暗挖区间主要工作活动及逻辑关系见表 5.2-1。

表 5.2-1 工作活动逻辑关系表

| 工作编号 | 工作名称 | 前置工作编号 |
|---|---|---|
| 1 | 超前预报 | |
| 2 | 钻孔 | 1 |
| 3 | 清孔 | 2 |
| 4 | 装药封堵 | 3 |
| 5 | 放炮 | 4 |
| 6 | 排烟 | 5 |
| 7 | 扒渣 | 6 |
| 8 | 装渣 | 7 |
| 9 | 运渣 | 8 |
| 10 | 卸渣 | 9 |
| 11 | 找顶 | 10 |
| 12 | 测量放样 | 11 |
| 13 | 初喷混凝土 | 12 |
| 14 | 打锚杆 | 13 |
| 15 | 钢筋网 | 14 |
| 16 | 立格栅钢架 | 15 |
| 17 | 喷混凝土 | 16 |
| 18 | 背后充填注浆 | 17 |
| 19 | 防水层施工 | 18 |
| 20 | 绑扎钢筋 | 19 |
| 21 | 台车定位、支模板 | 20 |
| 22 | 浇筑混凝土 | 21 |
| 23 | 回填后注浆 | 22 |

区间暗挖隧道采用矿山法，根据不同围岩类别和周边建筑物的位置关系共有如下几种施工方法：全断面法开挖支护、上下台阶法开挖支护、环形台阶法开挖支护。

根据暗挖隧道施工的主要工序，本区间隧道施工安排了 4 条主要作业线和 2 条辅助作业线。开挖作业线、运输作业线、初期支护作业线和二次衬砌作业线为主要作业线，前三个作业线决定了隧道掘进的速度，二次衬砌要与前面作业线保持安全步距。两条辅助作业线为通风作业线和防排水作业线。

其中各作业线主要包括以下工序：

开挖作业线：钻孔、清孔、装药、放炮、排烟。

运输作业线：扒渣、装渣、运渣、卸渣、找顶、测量放样。

支护作业线：立架、搭设连接筋和钢筋网、打锚杆、喷混凝土、清理回弹料。

二次衬砌作业线：钢筋绑扎、台车定位及安装挡头模板、浇混凝土。

防排水作业线：防水台车定位、防水材料铺设。

通风作业线：通风、除尘、排烟。

### 5.2.1　主要工序进度指标

不同类别围岩主要施工进度指标见表 5.2-2～表 5.2-5。

**表 5.2-2　上下台阶法开挖支护循环作业时间分析**

| 工　序　名　称 | 作业循环时间(h) |
|---|---|
| 开挖(钻孔、清孔、装药、放炮、排烟) | 3.0 |
| 出　　渣 | 3.0 |
| 格栅架立、打设锁脚锚管、焊接钢筋网和连接筋 | 2.5 |
| 喷混凝土 | 2.0 |
| 小　　计 | 10.5 |

注：本开挖支护适用于Ⅲ1、Ⅳ2 级围岩开挖。作业循环时间为 10.5 环(循环步距 1.0 m)，乘以施工干扰系数 1.5，业循环时间为 15.8 h/循环，日进尺 1.5 m，月进尺为 45 m。

**表 5.2-3　环形台阶法开挖支护循环作业时间分析**

| 工　序　名　称 | 作业循环时间(h) |
|---|---|
| 超前小导管 | 2.0 |
| 开　　挖 | 3.0 |
| 出　　渣 | 3.0 |
| 格栅架立、打设锁脚锚管、焊接钢筋网和连接筋 | 2.5 |
| 喷混凝土 | 2.0 |
| 小　　计 | 12.5 |

注：本开挖支护适用于Ⅴ级围岩开挖。作业循环时间为 12.5 h/循环(循环步距 1.0 m)，乘以施工干扰系数 1.5，作业循环时间为 18.8 h/循环，日进尺 1.3 m，月进尺为 39 m。

表 5.2-4 全断面法开挖支护循环作业时间分析

| 工 序 名 称 | 作业循环时间(h) |
|---|---|
| 开 挖 | 2.0 |
| 出 渣 | 2.0 |
| 焊接钢筋网和连接筋 | 2 |
| 喷混凝土 | 2.0 |
| 小 计 | 8 |

注:本开挖支护适用于Ⅱ、Ⅲ1、Ⅲ2级围岩开挖支护。作业循环时间为 8 h/循环(循环步距 0.5 m),乘以施工干扰系数 1.5,作业循环时间为 12 h/循环,日进尺 2 m,月进尺为 60 m。

区间隧道采用 9.0 m 长模板台车衬砌,施工进度指标见表 5.2-5。

表 5.2-5 模板台车衬砌施工循环作业时间表

| 项 目 | 时间(h) | 备 注 |
|---|---|---|
| 防水层及钢筋 | | 提前施工 |
| 测量、台车就位 | 2 | |
| 刷脱模剂 | 2 | |
| 封堵头模 | 10 | |
| 混凝土灌注 | 12 | |
| 养 护 | 24 | |
| 拆模、清理 | 10 | |
| 小 计 | 60 | |

注:作业循环时间为 60 h/24=2.5 m/d,考虑不可避免的损耗时间,取 9.0 m/3 d。

### 5.2.2 观科区间隧道作业线耗时分析

选取Ⅲ级、Ⅳ级围岩施工数据进行分析。按照开挖、出渣、支护、衬砌四条作业线分析,并对比各作业线耗时。由于二次衬砌施工于掌子面较远,故衬砌作业线与其他作业线平行施工,基本不会影响施工进度,不计入整条施工作业线工效分析。

统计 1 号斜井工区小里程方向全断面法施工时各作业线耗时,得出循环进尺 1.5 m 的Ⅲ级围岩各作业线平均耗时及比例如图 5.2-1 所示。

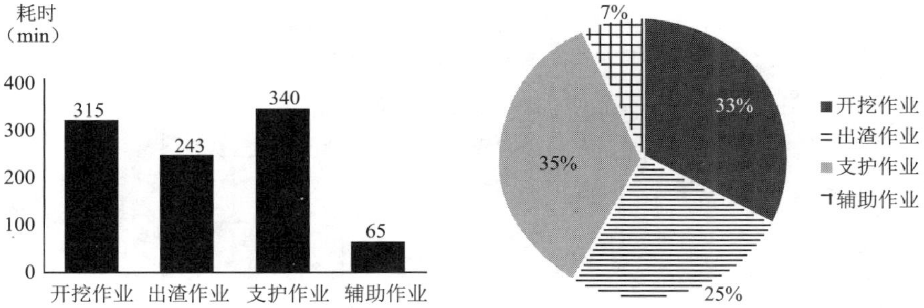


图 5.2-1　Ⅲ级围岩各作业线耗时及比例

统计1号斜井工区小里程方向上下台阶法施工时各作业线耗时，得出循环进尺1 m的Ⅳ级围岩各作业线平均耗时及比例如图5.2-2所示。

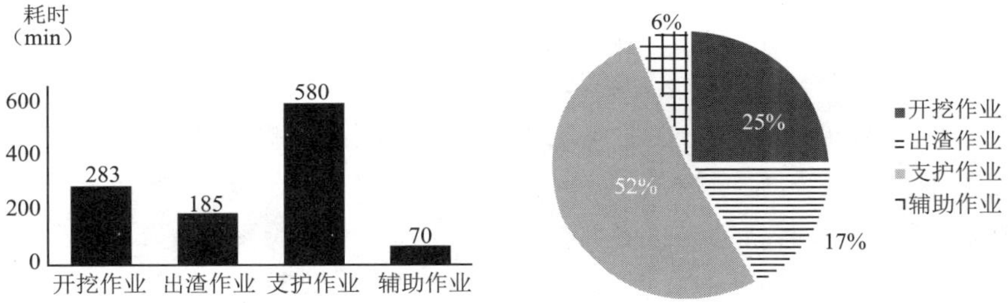


图 5.2-2　Ⅳ级围岩各作业线耗时及比例

由图5.2-1和图5.2-2可以看出，无论是Ⅲ级还是Ⅳ级围岩施工，支护作业线均是耗时最多的一个，由于Ⅲ级支护较Ⅳ级围岩支护简单，其耗时小于Ⅳ级围岩支护用时；开挖作业线耗时仅次于支护作业线，占整个循环耗时的25%以上。可见，对于支护和开挖是快速施工的关键，对于二者工序的优化是施工中需要解决的问题。

根据流水作业与平行作业的工序时间，假设其他一切条件均相同情况下，平行作业生产进度较快，机械设备利用更充分，创造了更大的效益。在本工程中，优化工序，采用平行搭接作业形式，采取以下几种开挖掘进方法：

(1)将上台阶的渣石扒到下台阶，下台阶统一出渣，上台阶初期支护先行施工作业，使上台阶初期支护与下台阶出渣平行作业，节省了初期支护时间；使用双泵混凝土喷混车，实现上下台阶同时喷混，有效提高了喷混作业的作业效率，缩短了单循环耗时，加快了施工进度。

采用优化后的平行作业，观科区间隧道开挖过程中月单口最大进尺可提高到65 m，最短循环时间达到11.8 h。平行作业各工序如图5.2-3所示。

(2) Ⅱ级围岩采用全断面法，循环进尺1.5 m，Ⅲ-Ⅳ级围岩循环进尺1 m，Ⅴ级围岩循环进尺0.75 m。按爆破作业施工标准规定，允许放炮时间为7:00-19:00，Ⅳ、Ⅴ级围岩采用上下台阶法施工时，按表5.2-2作业时间分析，一天只能进行1个循环的掘进，导致掘进施工进度缓慢。通过对掘进爆破作业工序搭接进行合理的优化，上下台阶法爆破掘进施工可实现每天2个循环，有效提高了每天的掘进距离，保证工程工期。

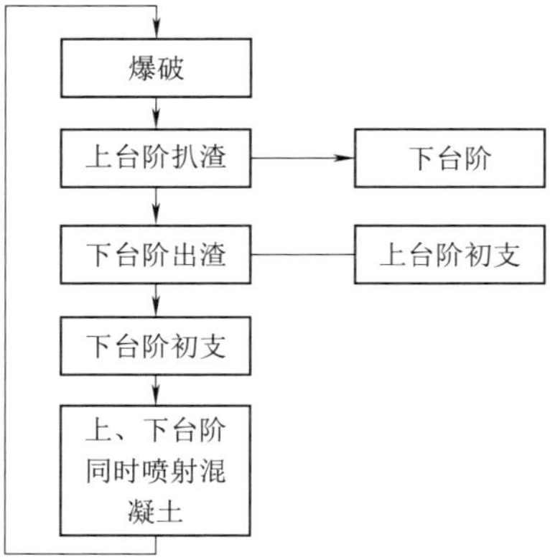


图5.2-3 掘进平行作业工序

①第一天多进行了一个上台阶爆破作业，所以第二天先进行下台阶爆破，然后再进行上下台阶共同爆破，这种作业搭接模式相当于两天3个循环，将一天1个循环提高到一天1.5个循环，提高了掘进工程进度。

②在Ⅱ-Ⅲ级围岩全断面法施工采用光面爆破，无须进行立架，节省了初期支护立架的时间，光面爆破后进行岩面处理后，可直接喷混凝土。

③挖机、钩机、自卸车的合理配合能有效地缩短出渣时间。上下台阶钻爆施工后，首先通过挖机找平，将下道的渣石铺平，以便钩机可以爬上下台阶。钩机将上台阶拱脚与边墙的石渣扒至下台阶，挖机将下道的石渣挖运到自卸车反斗中。

(3)如果采用正常的顺序搭接作业，依次进行铺设防水层、安装钢筋层，再进行模板台车衬砌。铺设防水层和安装钢筋层两道工序会增加衬砌作业循环时间，延缓衬砌施工进度。本工程二次衬砌采用平行流水作业，防水层及钢筋作业先行提前施工。架设平行的三个台车，防水工、钢筋工和模板工分别在简易台架防水台车、简易台架挂筋台车和全液压钢模板隧道衬砌台车上，同时作业，防水施工超前钢筋安装，钢筋安装超前模板注浆养护，实现了二次衬砌各工序的平行流水作业，缩短了单循环二次衬砌的施工时间。

## 5.3 进度控制措施

工程项目进度控制就是要时刻对每项工作进度进行监督，然后对出现“偏差”的工作采取必要措施，以保证项目按照原定进度执行，使预定目标按时和在预算范围内实现。工程项目进度控制流程如图5.3-1所示。

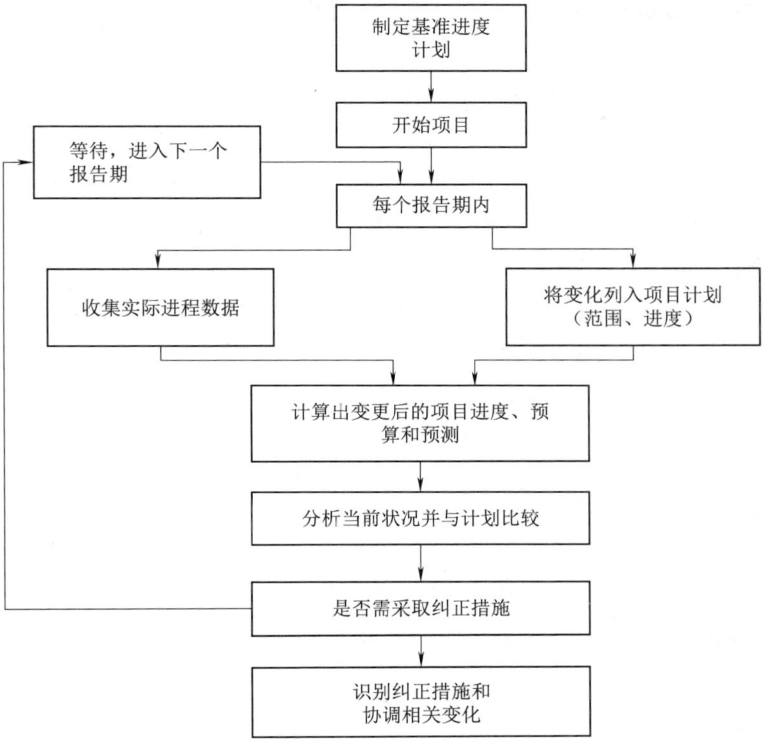


图 5.3-1　工程项目进度控制流程图

在青岛地铁 8 号线观科区间土建工程项目进度管理中，为实现进度目标，制定一个科学的、行之有效的项目进度计划是必要的，但有效的项目进度计划只是项目进度管理得以进行的前提和依据。在项目进行的过程中，各方面的条件都随时处于变化之中，这就给项目进度管理带来了不确定性。因此在施工过程中，仍需要进行随时的跟踪检查，来避免项目进度执行过程中由于外界的不确定性因素给项目进度目标造成的偏差，从而保证项目工期总目标。

在项目施工进度控制过程中，不仅要单方面的控制项目进度，同时要考虑到项目进度、质量、安全之间的关系，如果只片面追求项目进度的缩短势必会引起项目质量的降低及安全风险的增加，最终影响项目总目标的完成。因此，要在考虑项目质量目标及安全目标要求的前提下，对项目进度进行控制。

(1)组织措施：是指落实进度管理机构和人员、工作职责和责任分工；按工程项目的内容、进展的阶段、逻辑关系等进行项目分解，确定进度目标建立控制体系；确定进度控制工作制度，对影响进度的因素进行分析，对影响程度进行预测。可以采取组织更多的施工队伍；延长工作时间；增加人力和施工机械的数量等措施。

（2）技术措施：研究制定保证或加快工程进度的技术手段，采用四新技术，开展科技立项攻关，组织群众性全面质量管理活动等，提高生产效率；采用更先进的施工机械（引进北京地铁广泛使用的抓斗出渣设备）；增加工作面（例如暗挖区间增加施工竖井，开地面孔投点提高测量精度）。

（3）经济措施：研究保证资金投入满足现场施工需要，制定和落实资金使用计划和资金保障计划；开展劳动竞赛奖励；采用相应的经济补偿建立进度与报偿的关联等。

（4）合同措施：强化工期约束条款；对分包单位、物资供应单位、有合同关系的协调配合单位，要在合同中的合同工期与有关进度计划条款中明确目的和各自责任；明确在调整进度和改变计划情况下的相互配合。

（5）信息管理措施：落实人员落实责任，保证实际进度的数据资料有效收集，及时进行整理比较，按时向相关决策方提供合格的进展报告。

### 5.3.1 进度计划实施的跟踪检查

在项目的施工过程中，由于受管理人员管理能力、施工人员技术能力、天气、地质条件、周围环境等因素的影响，项目的实际实施进度不可能绝对与计划进度一致，那么要详细的掌握项目真实的施工进度就要做好项目进度计划实施的跟踪，以随时掌握项目施工的各项数据，随时与进度计划进行比较，以便对项目施工进度进行调整。

项目实施过程中，为收集反映项目进度实际情况的信息，对项目进展情况进行分析，掌握项目进展动态，对项目实际进展状态进行跟踪观测。

1. 项目进度的跟踪监测

跟踪检查监测的具体工作是定期收集反映项目实际进度的具体数据。收集的时间和频次，区别不同的人员、不同的部门，区别广度、深度内容细节不同，一般可考虑基层以周、高层以稍长的时间单位为总结报告期。

检查和收集资料的方式主要采用项目进展报告的书面形式。根据不同需要，检查的内容包括：

（1）检查本期实际完成及累计完成工程量；

（2）实际投入施工的人力、设备数量和劳动生产率；

（3）误工人数、窝工机械台班数及其原因；

（4）进度偏差情况；

（5）影响进度的特殊原因及分析。

2. 对收集到的数据进行整理、统计和分析

收集到有关的数据后，要进行必要的整理、统计和分析，按计划控制的工作项目进行统计，形成与计划进度具有可比性的数据、相同的量纲和形象进度。一般可以按实物工程量、工作量和劳动消耗量及累计百分比整理和统计实际检查的数据，以便与相应的计划完成量相对比。

3. 实际进度与计划进度的比较

通常用的比较方法有前面提到的甘特比较法、型曲线比较法、"香蕉"型曲线比较法、前锋线比较法和列表比较法等。通过比较得出超前或滞后的结论判定计划完成程度，就可以通过预测后期工程进度，对计划能否如期完成作出事先估计，进而进行适当进度调整。

5.3.2　进度控制分析方法

在通过以上方法取得项目进度控制过程中的第一手资料后，通过分析方法对数据进行加工、整理、比对，得出当前工程施工工作量的完成情况，并与进度计划进行对比，找出偏差，加以修正。目前，被项目进度管理者们广泛使用的分析方法有：横道图法、S 形曲线法、"香蕉"曲线法、垂直法、前锋线法、净值分析法。

1. 分析进度偏差出现的原因

(1)工期及计划的失误

①计划时遗漏。征地拆迁及施工准备时间未考虑。

②计划值不足。相关的实际工作量增加，设计变更，开挖和支护量加大。

③资源或能力不足。市政供电无法立即提供可靠电源，市政排水暂不能提供工程排污条件。渣土排放受市政管理要求制约，满足不了施工排放。

④业主控制工期不现实。理论上的施工持续时间，碰到具体的项目环境，无法实现，而承包人为中标承诺工期。

(2)工程条件的变化

①工作量变化。业主要求承担相邻标段施工任务。

②外界对项目新的要求或限制、业主设计标准的提高等可能造成项目资源的缺乏，使得工程无法及时完成。

③环境条件的变化。

④发生不可抗力事件。

(3)管理过程中的失误

①计划部门与工程管理之间、项目部和施工队之间、业主与承包人之间缺少沟通。

②活动安排和资源提供没有提前留有余量，工程实施者缺乏进度意识，施工安排时没有必要的工期要求和责任落实。

③劳务队由于其考虑平衡生产、连续作业、节省开支，而劳力投入不足，技术工人缺乏，工期控制不紧。而项目管理奖惩措施缺失，工程推着干。

(4)其他原因

由于执行进度计划和进度管理措施不坚决、进度管理流于形式、质量问题引起的返工重做等。

2. 分析进度偏差的影响

通过进度比较方法进行独立分析，找出与计划进度偏差。看产生进度偏差的工作是否为关键工作，如果是，无论偏差大小都会影响后续工作和总工期；如果是非关键工作，要分析偏差是否大于总时差，如果是，则必将影响后续工作和总工期，应采取相应调整措施；偏差小于总时差是，要分析是否大于自由时差，若是，则会对后续工作产生影响。进度控制人员由此可以确认应该调整产生进度偏差的工作和调整值的大小，以便确定采取调整措施，获得符合实际进度情况和计划目标的新进度计划。

### 5.3.3 进度保障措施

推行工期目标责任制，将工期目标作为考核项目领导班子的重要指标，将工期目标分解到班组和个人，并将其与职工的经济利益挂钩。严格工期目标的计划、检查、考核和奖惩制度，开展日碰头、周检查、月调整的工作制度，对滞后工序就地组织攻关，制定措施，满足工期要求；对难点工序有预案，使局部调整不影响总工期，确保工期目标落到实处。

强化计划管理，加强协调指挥。根据实施性施组的总体安排，编制年度、季度和分月分周生产作业计划，月周作业计划要落实到班组。对施工进度实行动态管理，狠抓关键工序施工，根据工程实际情况及时调整施工方案，保证全标段均衡生产，稳产高产，实现工期目标。

建立项目部到施工现场的调度指挥系统，加强日常调度指挥工作，建立动态管理网络，全面及时掌握施工动态，迅速、准确处理影响施工进度的各种问题。采取垂直管理，减少中间环节。对工程交叉和施工干扰加强指挥与协调，对重大问题超前研究对策，制定措施，及时调整工序和调动各种因素，保证施工均衡连续进行。

坚持实行施工进度快报制度，坚持每天报一次各工序的进展情况，每 7 d 报一次实际进度和计划进度的对比情况并分析两者相差原因，以便项目部及时了解各项工程的进展情况，采取相应的对策措施。

妥善处理安全、质量和进度的关系，建立健全安全质量工作体系，严格遵守各项行之有效的规章制度，严把安全质量关，杜绝安全和质量事故的发生，保证工程不停工、不返工、不窝工，以严格的安全质量促进施工进度。

实行岗位责任制，责任落实到人，加强考核，使利益与进度、质量、安全三挂钩，贯彻实施多劳多得的分配制度，以调动施工人员的积极性。

加强安全生产管理，坚持"安全第一，预防为主"的方针，项目经理部针对本标段工程特点，借鉴成功的管理经验，建立健全安全保证体系和安全生产各种规章制度，制定切合实际的安全管理方案和行之有效的安全技术措施，完善安全生产内业资料管理，以提高预测预防能力，消除事故隐患。深入开展安全标准工地建设和安全生产检查活动，确保施工安全始终处于受控状态。

具体措施如下：

1. 内部改进保证措施

项目经理部工程技术部设施工调度室，全面负责施工的统筹、协调和控制工作，抓好工序衔接和关键工序。

建立以项目经理和项目总工为首的管理体系，决策重大施工问题，确定重大施工方案，全面负责施工进度管理协调工作。建立并完善竞争机制和激励机制，充分调动全体职工的积极性。缩短施工准备期，尽早进入工程实体施工。

根据各工点施工计划编带"月、旬、周"的作业计划，并根据实施过程中的完成情况，及时与计划对比，采取措施修正调整，实行动态管理。对实际过程中出现的进度滞后及时分析查找原因，做到"以日保周、以周保旬、以旬保月"，确保网络计划的实现。

严格执行工地计划会制度，工地每天由工程技术部召开各作业班组计划会，落实当日计划完成情况及确定第二天工作计划。每周组织召开周进度计划大会，项目经理参加，落实当周计划完成情况及确定下周工作计划，重大问题及时报公司组织协调实施。

2. 相关方的协调配合措施

(1)与业主的协调配合

①积极配合业主进行与外界的协调与沟通，包括施工场地的征地拆迁，场地内的各种管线迁改与保护等工作。

②由项目办公室专门负责和业主建立长期联系的渠道。了解顾客反映和接受顾客投诉，为采取纠正措施提供信息。

③由总工程师组织成立协调小组，分析施工中可能发生的事件，制定服务方

案。方案实施后,由检验员验证,填写服务报告,请业主再次验证,达到其满意。

④无条件的履行合同中规定缺陷责任期内的责任,主动积极地履行并向业主提供相应的服务。

(2)与监理工程师的配合措施

①尊重监理工作。

②建立良好的沟通渠道,密切配合

每一个单位都有自己一套比较完善、实用的管理体系,中标上场施工准备过程中,主动与监理沟通,了解监理的工作程序和特点,并向监理工程师介绍本投标人的管理模式和管理特点,对施工的管理程序、监理程序、施工程序及各种隐蔽、验收等程序化的工作进行探讨,最终形成一套双方均能接受并在施工中严格执行的管理程序和工作程序,使施工更加顺畅。

③服从监理的指令

对于现场出现的不规范施工及突发事件,有可能影响到工程的质量、工期和施工安全等方面,监理工程师发出应对的指令,全力以赴,不折不扣地严格执行。

④按时参加监理召开的工程例会

工程例会是工程管理的主要程序和方法之一。施工中,针对某一事例或惯性召开的监理例会,本投标人将按时派相关人员到会参加,及时沟通并解决问题。

(3)与设计的配合措施

随着施工环境的变化和在施工中遇到新的问题,优化设计伴随着施工,贯穿于工程施工的整个过程,直到竣工定型。尤其暗挖工程施工,地质条件复杂,勘察资料有限,施工中不断揭示地层,发现新的问题,施工设计较多,所以更要采取有效措施及时与设计单位反映现场信息,为设计变更提供条件和依据。

①认真审图、解读设计意图

施工之前准备工作中,施工技术人员认真审阅图纸,发现问题或不理解之处,及时与设计单位联系咨询、确认,读懂图纸,理解设计意图,并对施工中容易出现问题的项目预先采取措施,保证工程顺利进行。

②参加设计交底,提出相关的设计问题

施工之前,设计单位将对施工单位进行设计交底,本投标人将派相关技术人员参加,进一步了解设计意图,提出设计图中问题,记录有关设计人员的设计解答,形成方案签认。同时,建立起快捷的沟通渠道,以便及时沟通情况。

③及时反馈施工信息,优化设计

施工中监控量测的结果及现场揭示的情况、施工中发现的问题,及时以笔录、照片、录像等形式记录下来，反馈给设计单位，并根据具体情况，提出优化方案，供设计变更参考。使设计施工紧密相连，互为补充。

(4)与施工区域外的协调

①在开挖、降水、管线悬吊保护，施工过程中，对附近道路、地下管线、周围建筑物严密监测。本着“可持续发展”的理念，及时与相关单位进行联系，搞好施工和环境保护的关系；做好预防突发事故的准备。

②按照要求办理各种施工手续。

③积极与市政主管部门联系，做好各种市政管网的保护

施工之前，积极与市部门联系，对所施工范围之内的地下管线进行排查、核对，取得详尽的资料，进而有针对性地确定各种有效的防护措施，确保各种给水、排水、通信、电力、燃气、供热等管线的安全，防止因施工引起沉降破裂，注浆堵塞等事故。施工中，经常保持联系，一旦发生意外，可及时采取措施，减少或消除影响和损失。

④搞好环保和文明施工，签订保证书

上场以后，与市环保局和城管办取得联系，按照当地的格式，签订《施工环境保护协议》和《文明施工管理协议》，保持文明、优美的环境不受地铁施工的影响。办理《施工车辆运行许可证》，遵守交通规则。

⑤处理好与当地市民的关系

施工中积极采取措施，防止发生意外。主动与当地居民沟通，消除隔阂，取得市民的理解和支持。

⑥处理好与相邻标段的关系

由于参加施工的单位比较多，施工条件很不均衡，施工中本着合理利用资源的目的，与兄弟单位多沟通，对于加工厂、临时道路、施工机械、材料及有关技术干部人员等方面，与相邻区间施工单位做好配合协调，保证整个工程的顺利进行。

# 第6章　质量管理

项目质量目标是组织在质量方面所追求的目的。项目质量目标对员工具有激励作用，对于项目质量管理具有导向作用。因此，项目组织必须在项目组织的各相关职能和层次上建立相对应的质量目标。

工程建设项目的质量目标，由于建设项目的特点，与常规生产性质量管理的质量而有一定的不同。特别是对于复杂的、大型的项目，由于参建单位众多，而各个单位都有不同的质量管理体系，对于项目建设中的质量管理而更加不同。

## 6.1　质量保证体系构建

### 6.1.1　质量目标

工程质量目标：符合相关技术规范和要求，一次性验收合格，确保泰山杯，争创鲁班奖。

### 6.1.2　创优措施

根据质量目标，可以建立质量管理制度如下五项创优制度。

1. 成立创优领导小组

成立以项目经理为组长的创优规划领导小组，配齐质量管理组织和人员。领导小组根据本项目的施工内容，按照总体创优规划要求，以本项目质量管理手册和程序文件为依据，由项目总工和工程技术部、安全环保部、质量监察部、物资部、设备部、试验室共同编制创优规划实施细则。施工中严格按细则进行操作。

2. 加强创优教育和技术培训

技术含量高，质量要求严，施工难度大。要在开工前，对所有参建人员进行技术培训，认真研讨每道工序的施工工艺、质量检验方法和作业细则，确保各工序施工质量。

创优领导小组，负责对项目经理部及施工队进行质量教育，从项目经理到职工每人清楚优质工程质量控制程序，人人了解自身的质量管理职责。

针对本工程质量的要求，经常组织施工人员学习施工规范和验标，开展群众性的质量活动，使施工人员人人懂得施工程序，掌握技术标准。

3. 依靠科技、合理配置资源

本标段重点是暗挖隧道工程施工，工程地质复杂，科技含量高，施工难度大。为攻克难关，项目经理部组织科研攻关，拨付科研经费，针对隧道不良地质地段的注浆、开挖、衬砌开展科技攻关，选派丰富施工经验的地质、隧道工程师，做好地质预测预报工作，同时聘请外部专家，共同解决施工中技术难题，加快施工进度。

4. 细化措施，责任到人

将各项创优措施进行细化，责任到人，制订奖罚措施。

5. 勤检查、细检查

创优领导小组对工程创优工作负责监督检查，并充分发挥工程技术、测试和质检人员对工程质量管理的职责，制定质量检查计划，加强检查频率和深度，利用经济杠杆作用，对于降低质量标准、不重视计量、忽视操作要求的单位或个人给予严肃批评教育，提高重视质量和按程序施工的自觉性。

### 6.1.3　质量保证体系

质量保证体系就是要通过一定的制度、规章、方法、程序和机构等把质量保证活动加以系统化、标准化及制度化。核心就是依靠人的积极性和创造性，发挥科学技术的力量。按照此原则结合工程实际状况制定质量管理制度。

进场后，按照 ISO 9001 质量体系模式建立本标段质量保证体系，成立以项目经理为组长、总工程师为副组长，质检工程师、工区长、技术主管参加的全面质量管理领导组。积极组织开展全面质量管理活动，优化施工工艺，提高工程质量，争创优质工程。工程技术部门根据工程规模、特点制定创优规划和详细的创优措施，成立以项目总工程师为组长的创优攻关小组，定期或不定期举行活动，分析工期、安全、质量、成本、环保等问题，并针对出现的问题分析原因，制定对策，不断提高施工水平；质检部门负责进行质量检查和评审工作。工区根据项目经理部创优规划及管辖工程特点成立相应的质量管理和创优工作领导小组，定期组织有关人员进行质量教育、督促检查和质量评比。

按照 ISO 9001“质量体系—要求”标准，实施本标段质量控制工作，提高质量控制和保证能力，使工程质量始终处于受控状态。分为制度保证体系、组织保证体系、质量标准体系、施工保证体系。

1. 制度保证体系

(1)定期质量检查制度

质量监查部每月组织质检工程师及施工队质检员对沿线工程及重点部位进行全面检查，发现问题，找出原因，制定措施，及时纠正。

项目经理部每季度、月、周由项目总工组织对全标段的工程质量情况检查评比，发现问题，找出原因，制定措施，并进行总结通报，奖优罚劣，如图 6.1-1 所示为质量工作流程图。

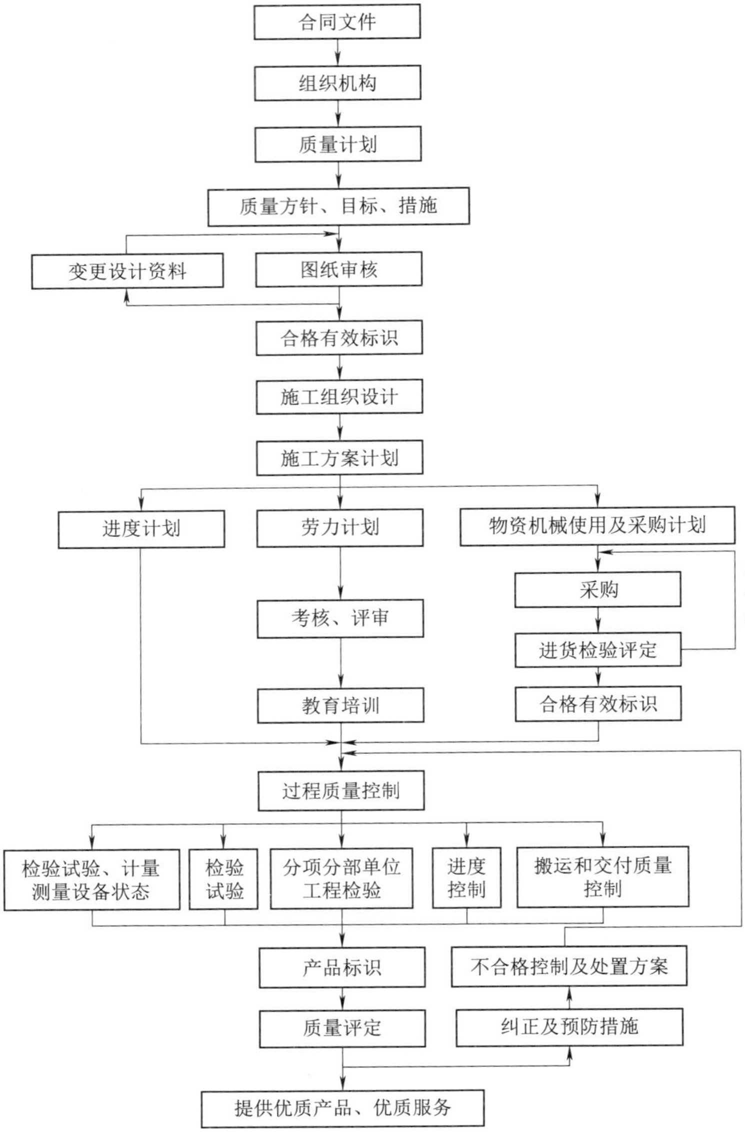


图 6.1-1　质量工作流程图

(2)质量检验评定制度

各级质量检查工程师熟练掌握各项工程的检查评定标准,严格按照施工规范和验收标准检查评定。对完工的分项、分部、单位工程及时检验评定,作为创优和考核依据。分项工程施工过程中,各分管负责人要督促班组做好自检工作,确保当天问题当天整改完毕。

分项工程施工完毕后,各分管负责人及时进行分项工程质量评定工作,并填表抄报交项目经理部的质量监查部,质量监查部与工区有关人员对分部工程进行评定,将结果抄报监理工程师,质量监查部与监理工程师共同对单位工程进行评定。

(3)技术、质量交底制度

技术、质量的交底工作是施工过程基础管理中一项不可缺少的重要工作内容,交底采用书面技术交底书和现场技术交底相结合的形式,具体为:

当项目部接到设计图纸后,项目总工程师组织项目部有关人员认真熟悉施工图纸,并积极参加技术交底会,认真对施工图纸进行会审。

实施性施工组织设计编制完毕并送审确认后,由项目经理牵头,总工程师组织全体人员认真学习施工方案,并进行工程技术、质量、安全书面交底,列出重点监控部位及要点。

总工程师负责组织技术交底。实行三级负责;对设计技术交底认真做好记录,对设计存在的问题及时提出处理意见形成记录。

项目经理部技术人员向作业层技术人员对分项、分部、单位工程进行交底;现场技术交底由作业层技术人员向领工员、工班长、施工人员进行技术交底。

(4)现场材料进场检验制度

严格控制各种原材料的质量,把好进料关。

(5)内业资料管理制度

技术资料管理工作在项目部总工程师直接领导下进行,由工程技术部设专职资料员具体负责技术资料收集、整理和保管工作。建立技术资料管理责任制,健全各类资料的管理办法。

(6)质量教育培训制度

强化技术质量培训,不断提高全员质量意识和业务素质。组织全体施工人员认真学习设计文件、施工规范、质量检验评定标准等,针对具体工点进行认真细致的技术交底,对重、难点工程及关键工序编制作业指导书。

①专职质量管理干部培训:邀请甲方、设计单位、科研单位的专家,针对本特长隧道工程,对参加施工的各级管理干部进行施工技术讲座和质量培训,提高质量意

识和技术素质。

②全员安全质量培训：开工前，项目经理部组织全体职工对隧道施工的安全质量专业知识进行教育培训，做到先培训后上岗，未经教育培训不得上岗。

③抓好经常性质量教育：坚持有针对性地抓好重、难点工序，质量通病的经常性教育，做到质量教育常抓不懈。项目部根据工程进展情况、工序的转换、环境的变化等特点，及时组织施工人员认真学习专业知识、新的工艺方法。

(7)全面质量管理制度

建立健全各级质量保证体系，建立全面质量管理领导小组，项目经理任组长，有关业务部门领导参加，定期开展活动，研究本工程全面质量发展规划，制定检查管理办法，定期组织实施和检查。

强化内部质量管理，确保质量体系有效运行，使工程质量始终处于受控状态，为甲方提供合格优质产品。

在工程质量管理中，加强专业技术、经营管理、数理统计和思想教育有机结合，以提高人的工作质量来保证工程质量，提高企业信誉和经济效益。

(8)质量事故报告制度

严格执行国家有关的工程质量事故报告制度，发生事故必须按系统逐级及时上报，不得隐瞒。按照“四不放过”的原则进行联合调查，认真分析，查明原因，对事故责任者严肃处理，追究其经济、行政、法律责任。

(9)质量奖惩制度

工程计价与质量挂钩，实行优质优价，奖优罚劣。单位、分项、分部工程完工后由项目质量管理部组织对工程质量进行等级评定，根据评定的工程质量等级，以工程造价总额为基数提取优质工程奖励基金。达到优良或优质样板给予标准的奖励；未达到质量目标给予停工整顿；对不合格工程进行返工处罚；对造成质量事故的有关责任人给予行政和经济处罚。

2. 组织保证体系

项目领导是搞好工程质量的关键。选派具有丰富施工经验、懂技术、精管理的人担任项目经理，由技术精湛、经验丰富的高级工程师担任总工，组建精干高效的项目机构，保证工程的领导力量。

调集具有类似工程施工经验、技术力量强、设备过硬的施工队伍投入本合同段工程施工，以高素质的施工队伍、精良的施工设备和雄厚的技术力量保证工程质量。

建立以项目总工程师为首的技术责任制，健全技术管理体系，实行项目部、工区两级技术质量管理机制。施工中严格实行“三检制”，质量管理人员共同参与，形成项目、工区、工班、作业人员四级质量自保体系。

3. 质量标准体系

遵循 ISO 9000 质量体系的质量管理原则，严格按质量标准、质量手册、质量体系程序文件的要求和步骤编制施工作业指导书，做好贯标认证质量记录，以施工技术规范为标准，加强过程控制，始终贯彻质量方针，提高管理水平，确保所有质量目标的实现。

采用的质量标准包括：青岛市地铁一期土建工程施工招标文件的有关规定；青岛市地铁一期土建工程施工图纸；市政工程有关专业设计规范及国家有关法规、条例等。

4. 施工保证体系

在项目质量管理中，我们将以满足业主要求为关注焦点，以实现设计质量目标为目的，采用先进的质量控制理念，制定科学的质量管规章，严格执行国家、行业及业主的规范标准，从组织措施、管理措施、经济措施、技术措施等方面强化管理，细化施工工艺，完善质量通病预防技术措施，规范质量记录填写，保证工程质量始终处于受控状态，确保工程质量达到设计要求。

全面推行 ISO 9000 标准质量管理模式，编制项目质量计划，广泛开展群众性 QC 活动，严格按质量保证措施和质量保证体系控制工程施工。安排隧道掘进、运输出渣、衬砌、综合等专业化队伍进场施工，科学组织，合理配置资源；积极推行安全文明标准工地建设，推行现场标准化管理，搞好文明施工。

积极开展科技攻关活动，大力推广新材料、新工艺，开发核心技术，充分发挥科技第一生产力的作用，将推进科技进步与保证工程质量紧密结合起来。编制主要工序的施工作业指导书或工艺流程，严格把关每个环节的技术和质量。

(1)施工前质量控制

依据 ISO 9000 标准，结合工程的特点，制订项目质量计划，做好机构设置、试验室建立、专业人员配备、施工材料调查和检验、施工设备选型、桩点布设、场地布置、技术交底、图纸审核、规范标准和图表选用等工作。

针对工程质量标准高、新技术多等特点，我们推行工程试验端线行施工制度，对隧道掘进、支护、防水处理、衬砌等关键工序进行试验施工，选定试验手段，制定试验操作规程，填写试验记录，科学处理试验数据，确保沉降控制在设计范围内，为以后大面积施工提供科学依据。

(2)施工中的质量控制

工程施工实行现场标牌管理，标示牌上注明分项工程作业内容、简要工艺和质量要求、施工及质量负责人姓名等。组织有丰富经验的测量人员进行测量控制，对本工程重难点项目的测量，将由公司选派专人负责。测量是整个工程的基础，是推进工程的指挥棒，严格按照质量管理体系中对测量质量控制的要求，实行从放线到竣工"一条龙"质量控制程序，严格执行复核制度、交底签认制度、向监理工程师报批制度，以"放准，勤复测，点、线、面通盘控制"的方法，确保测量工作的准确无误，并做好测量原始资料存归档工作。

对已经认可适宜的施工方案、方法、工艺技术参数和指标进行严密监视和控制，保证在具体施工操作过程中，能够实现业主的预期目标，尤其是对工程的特殊部位和工序要专门制定施工方案，并由公司选派专人进行监督和控制，使工程的各个部位、工序均达到优良标准。

严格按照施工组织设计和操作规程，高起点、高质量地做好每一道工序的"第一个"，将每个"第一"的检验数据结果定在全优起点上，并以此做样板，通过高标定位的全方位控制手段，确保每道工序、每部位、整项工程最终达到优良标准。

通过严把过程检验和试验关，保证工程施工的每一段、每个部位的质量在施工的过程中受到控制。

积极开展全面质量管理活动，把工程的质量重点、难点和特殊点列为技术攻关项目，发动群众集思广益，把好各道工序的质量关，达到设计图纸、技术文件和验收规范规定的技术要求和质量标准。

(3)施工后的质量控制

每项工序质量控制结束后，及时对控制结果进行评价和对质量偏差进行纠正。为了消除不合格的原因，防止不合格的再发生，按照纠正措施控制程序对不合格进行评审，分析原因，制定纠正措施，跟踪和记录纠正措施的结果，并对其有效性做出评价。

(4)经济措施

坚持优质优价的原则，定期对工程质量进行检查评比，对质量优的单位和个人实施奖励，对不合格工程坚决推倒重来，对造成质量问题的单位和个人进行严肃批评教育；实行质量保证金制度，对每个作业工区的工程预留 5%的质量保证金，待工程质量验收合格后返回，否则视问题大小扣除相应的质量保证金用于问题整改。

(5)技术措施

①规范和标准

根据招标文件的要求，执行标准和规范的优先顺序为：青岛市地铁 8 号线土建工程施工招标文件的规定；中华人民共和国国家标准；铁路、公路、市政有关部门标准与规范。

②优化和完善施工图设计

进场后，单位将组织有关技术人员认真会审设计文件和图纸，全面仔细了解和掌握工程施工技术标准，向业主和设计单位提出进一步优化和完善施工图设计的建议。

③工程材料的质量控制

做好市场调查，对供应商进行综合评价，确定相应的供应商。严格按“先检验合格，后采购使用”的原则，做好材料进货质量的检验和标识工作，确保材料质量。同时做好原材料的各种质量记录的整理与保存工作，做到各种证明、合格证、试验报告齐全，确保对工程质量具有可追溯性。

## 6.2　质量控制重点

多工作面区间隧道施工的质量控制重点详见表 6.2-1。

**表 6.2-1　施工质量重点控制项目表**

| 序号 | 控制项目 | | 作业控制内容 | 级别 |
|---|---|---|---|---|
| 1 | 开挖 | 根据设计地质资料和超前地质预报掌握的围岩级别和渗水特征，采取相应施工方案 | 严格控制超、欠挖，防止拱顶围岩过量下沉或坍塌 | ★★★★ |
| 2 | 注浆质量 | 超前注浆 | 采用先进的全自动注浆设备，控制超前注浆、施工质量，在较差地层，采用具有高强度、高耐久性和抗分散性特点的特种浆材，以实现可控域注浆 | ★★★★★ |
| 3 | 喷射混凝土 | 采用抗渗等级 P12 级、C25 喷射混凝土 | 控制原材料质量，做好喷射混凝土配合比设计，保证混凝土的和易性，坍落度控制在 8～15 cm，并且具有良好的黏聚性，确保喷射混凝土与围岩密贴，表面密实 | ★★★ |
| 4 | 钢架制作安装 | 钢架的结构尺寸和焊接质量 | 严格按《钢结构工程施工质量验收规范》(GB 50205—2001)和设计要求加工、验收、架设 | ★★ |
| 5 | 二次衬砌混凝土质量 | 原材料 | 控制原材料质量，把好验收、试验检验关 | ★★★ |
| | | 混凝土 | 购买商品混凝土，控制原材料质量，严格按配合比进料，控制坍落度和搅拌时间，降低混凝土水胶比，使用矿物掺合料提高混凝土耐久性，外加剂经选定优质品牌，确定最佳掺量 | ★★★ |
| | | 浇筑及养护 | 采取保湿措施，控制拆模时间 | ★★ |

续上表

| 序号 | 控制项目 | | 作业控制内容 | 级别 |
|---|---|---|---|---|
| 6 | 防水板 | 安装施工质量 | 控制防水板材料质量;专人负责,定岗定责,保证防水板不被刺破、割裂 | ★★★ |
| 7 | 成品保护 | 初期支护 | 控制爆破施工,严格控制装药量 | ★ |
| | | 新浇筑仰拱 | 采用自行式仰拱施工栈桥解决仰拱施工与开挖运输的干扰 | ★ |

## 6.3 多工作面快速施工质量保证措施

### 6.3.1 健全工程质量责任制

建立健全质量管理组织机构,全面推行 ISO9000 系列标准,强化全员质量管理,认真制订并落实与工程质量有关的各职能部门、主要管理人员的工作职责。成立以项目经理任组长,总工程师为副组长的质量领导小组,办公室设在安全环保部,全面负责本项目质量管理工作,其主要职责是:确保国家、交通部、甲方、监理等关于工程质量方针、条例、规定和要求的落实,确保本标段质量保证体系的有效运行,定期对工程质量和创优规划进行检查评比和指导。

质量监察部配备专职质量检查工程师,工区设专职质量检查员,工班设兼职质量检验员。对施工全过程进行质量检查,根据自验程序,自下而上按照“跟踪检测”“复检”“抽检”实施检测工作。组建精干高效的试验和测量队伍,项目经理部设中心试验室,施工队设试验组,配备必要的检测、试验仪器设备,在原材料控制、施工过程控制、竣工工程质量检验评定等各个环节,实施施工全过程测量和试验控制。

### 6.3.2 保证质量的主要技术措施

1. 测量控制措施

开工前,在正洞设控制网,洞口控网投点设三个后视点。

各水准点作为进洞施工依据,保证贯通精度。进洞后定期对控网和线路方向、高程进行复测,对本标段各洞口实行联测,并与相邻标段进行校核。确保线路方向、高程与设计相一致。

为保证隧道底部按纵坡开挖并满足衬砌的正确放样,洞内每隔 50 m 设一个水准点,隧道中线测桩在直线上不超过 10 m,在曲线上不超过 5 m。对其贯通误差不超过现行测量规范规定的限值。

2. 注浆质量保证措施

暗挖区间有部分处在断层破碎带内,在地下水位以下自稳能力差,对水的侵透作用十分敏感，容易发生渗透破坏。因此，隧道注浆的质量对整个结构的安全具有十分重要的作用。施工中采取以下技术措施：采用先进的注浆设备。岩石地层注浆设计压力应根据围岩水文地质条件合理确定，一般宜比静水压力大 0.5～1.5 MPa；当静水压力较大时，宜为静水压力的 2～3 倍。另外，注浆泵的压力达到设计压力的 1.3～1.5 倍，回填注浆压力小于 0.5 MPa。

注浆作业人员上岗前由专业人员进行严格培训，完全掌握设备使用要领并达到熟练操作后再进场施工。

注浆的水泥浆液配合比严格控制，根据注浆效果适当调整。水泥储放和运输避免受潮，特殊地段采用超细水泥。

根据注浆后加固和止水效果，考虑添加少量附加剂来调节浆液性能。

3. 隧道防渗、防漏保证措施

隧道衬砌防渗、防漏从防水层质量和衬砌结构自防水质量两方面来保证，根据本工程设计情况，施工中采取以下技术措施：隧道防水板材料，使用前检测其质量，不能有断裂、变形、孔洞等缺陷。安装防水板前，对隧道初期支护表面显著凹凸部位分层喷射找平，切除外露钢筋头并用砂浆抹涂。防水板采用暗钉法进行铺设，铺设时有一定的松弛度不能拉紧，防水板搭接采用自动爬焊机械双焊缝热融黏结工艺，结合部位采用真空加压检测，保证焊缝质量。防水层铺设后经认真检查合格后，模板台车才能就位进行二次衬砌。混凝土施工缝安装止水带由专人负责，定岗定责，不得有被刺破、割裂现象，确保安装质量。

4. 隧道混凝土防开裂保证措施

混凝土的耐久性与抗渗性有关，抗渗性又与抗裂性有关，而解决混凝土的抗裂性，提高耐久性的技术关键是选择合理配合比，选用高质量的材料和严格控制施工工艺，从而起到防止和避免施工过程中混凝土的收缩裂缝（干缩和冷缩裂缝）。

选择低水化热、耐腐蚀、耐久性好的原材料，是防止混凝土开裂的基础，因此施工中从原材料抓起，严格控制。选用高效减水剂，是减少水泥用量、控制水灰比、降低水化热、防止混凝土开裂的有效措施。选用合理的配合比，包括水泥用量、水灰比、外加剂掺量、粉煤灰掺量、砂的细度模数、混凝土坍落度、早期强度、混凝土体中心温度等，通过调整混凝土配合比，降低水化热，控制水灰比，提高混凝土质量，防止混凝土开裂。采取保湿措施，要求混凝土表面不能失水，始终保持混凝土表面湿润，防止产生干缩裂纹。控制拆模时间。

隧道混凝土施工完成后，立即进行养护，对空气湿度进行监测，当空气湿度不能满足养生要求时，进行喷水养护。

5. 隧道超欠挖控制措施

在软弱围岩地段，开挖遵守多循环、短进尺的原则，并及时进行初期支护，控制围岩过大的变形避免塌方。当直接开挖困难时，采取微震爆破，防止对围岩的挠动。

在中硬围岩采用中导洞先行预留光爆层开挖法，周边眼严格控制钻杆外插角的度数，严格控制装药量。

由正洞进入行人、行车通道的施工时，严格控制超欠挖，避免应力集中。

隧道开挖施工主要抓住"光面爆破、锚喷支护、围岩量测、全断面衬砌"四个环节，其中前三个环节都是开挖施工，因此开挖是施工的关键，必须规范各工序的技术、质量、安全标准，以确保快速施工和安全生产。

不同的围岩采取不同的施工方案，当地质情况发生突然变化时，及时报告监理工程师和设计部门，并按岩变我变的原则，及时转换工序，调整爆破参数，采取相应措施，确保超欠挖在规范允许范围内。

6. 隧道防排水工程施工保证措施

隧道施工的临时防、排水与永久防、排水设施相结合，采取"以堵为主，防、截、排、堵相结合，因地制宜综合治理"的原则进行，选择既经济合理又切实可行的防突然涌水预测预报方法、隧道洞室四周围岩堵水方法，确保围岩稳定，便于初期支护的施工，并保证在二次衬砌施工前，现场具备进行防水层的施工条件，保证防水层在无水条件下施工。

7. 隧道喷锚支护质量保证技术措施

(1)喷射混凝土质量保证技术措施

隧道喷射混凝土采用湿喷工艺，以减少回弹量，确保喷射混凝土质量，加快施工进度。

喷射混凝土的表面确保密实、表面平整，不出现疏松、裂缝、脱空、漏喷、漏筋、空鼓、渗漏水等现象。喷射结束后按照规范要求进行养生。

(2)锚杆施工保证措施

锚杆钻孔保持直线，并与所在部位的岩层主要结构面垂直，其开孔偏差小于10 cm，钻孔偏差小于2°；边墙锚杆孔可向下倾斜3°，使砂浆在重力作用下充满锚孔。锚杆孔至少比设计锚杆直径大15 mm以上，保证在孔内砂浆密实，保证锚杆抗拉拔力。

(3)保证钢筋网铺挂施工质量技术措施

钢筋使用前清除锈蚀，在岩面喷射一层混凝土后进行铺设，采用双层钢筋网时，第二层钢筋网在第一层钢筋网被混凝土覆盖后铺设。

(4)保证钢架施工质量技术措施

钢架支护的设计与制造符合《钢结构工程施工质量验收规范》(GB 50205—2001)的要求。钢架支护钢材，按施工图进场说明采用。在隧道开挖中，各部分安装支护的方法(包括支护的架设间距)，获监理工程师批准后施作。

8. 混凝土质量保证措施

(1)原材料质量保证措施

加强原材料质量控制，做好施工材料的试验检验工作，对每批进场水泥取样进行安定性及强度等物理试验；钢筋原材料取样进行拉伸、抗弯等物理试验；所有防水材料进行取样，对有关指标进行复试；对混凝土及砂浆的粗细骨料进行取样分析，所有原材料均需取得合格的试验证明投入使用，杜绝使用不合格材料。

合理组织材料供应和材料使用，并做好储运、保管工作，所有进场产品有出厂合格证，并按规程要求进行必需的抽样复试工作，质量管理人员对提供的产品进行抽查监督，凡不符合质量标准、无合格证明的产品一律不准使用，并采取必要的封存措施，及时退场。

(2)混凝土配合比

本工程喷射混凝土的配合比必须经监理工程师批准后执行，雨后砂石料含水率增大要及时调整混凝土配合比。

(3)混凝土拌和和运输过程质量控制

混凝土采用商品混凝土，使用由试验室提供经监理工程师批准后的混凝土配合比。隧道衬砌混凝土运输采用混凝土输送车运输，每车注明强度等级及使用部位，到现场由单位管理人员核准无误后方能浇筑。

(4)混凝土灌注质量控制

现场灌注混凝土输送泵入仓，保证快速施工，确保衬砌混凝土连续灌注的完整性和密实度。

隧道抗渗等级 P12 混凝土的配制先行试配，做抗渗性试验，掺加防水剂、膨胀剂、引气剂或减水剂，增加密实度、和易性、混凝土的比重，保证混凝土的抗渗性能满足设计要求，然后正式用于工程结构。

隧道衬砌混凝土施工采用专用的液压衬砌台车，衬砌台车要进行受力杆件计算和受力分析，以及钢架稳定性验算和刚度验算，其变形量不超过设计和规范的要求，要绘制加工制作设计图。液压衬砌台车满足安装简便、行走方便、便于施工操作的要求。

混凝土灌注时其自由倾落高度不大于 2 m，当超过 2 m 时增设窜桶等，混凝土浇筑时从低处向高处分层连续进行。混凝土采用振捣器振捣，振捣时间宜为10～30 s，并以混凝土开始泛浆并不再冒泡为宜。

浇筑过程中防止发生离析现象。混凝土浇筑层厚度与振捣严格按公路施工规范执行。混凝土振捣人员安排经过培训合格、具有丰富施工经验的专业人员，并挂牌上岗。

9. 隐蔽工程的质量保证措施

本工程钢筋、钢架、防水板等隐蔽工程施工严格执行技术规范，明确质量要求，做好技术交底。

对于隐蔽工程检查，实行班组检查与专职检查相结合。施工班组在下班前对当天工程质量进行自检，对不符合质量要求的予以纠正。

各工序工作完成后，由分管工序的技术人员、质检工程师组织工班长按有关技术规范要求进行检查，不合格的坚决返工。上道工序不合格下道工序严禁施工。

每道工序完成后，先由施工单位自检，再报请质量监查部质检工程师复检，合格后报请监理工程师检查，做好隐蔽工程验收记录和隐蔽工程检查签证。所有隐蔽工程必须经监理工程师检查合格并签证后才能进入下道工序。

在隐蔽工程施工过程中，加强技术人员旁站监督并做好施工记录，记录翔实准确。隐蔽工程施工记录有检查项目、技术要求及检查验收部位等，施工员和技术员、质检工程师、试验员均在相应栏目签名。

10. 起重机验收

区间风井及新增1号竖井井口位置安装桥式起重机，起重机安装完成后进行验收。验收主要注意以下几点：

(1)整机

①起重能力应达到额定标准；

②整机应完整，零部件应齐全，紧固件应连接牢固；

③驾驶室应整洁，门窗应完好，操作装置、仪表应正常；

④全机应清洁，无油垢。

(2)金属结构

①主、副梁的上拱、下挠、侧向弯曲变形，不应超过起重机设计规范规定；

②金属结构无开裂、脱焊，无严重锈蚀；

③大、小车轨道应符合要求。

(3)电气系统

①电气管线整齐，无损伤老化，连接卡固可靠，电器装置灵敏，绝缘良好；

②搭铁与滑线轨道应接触良好，搭铁磨损不超过规定；

③供电管线应平直、整齐，声光信号应清晰、有效。

(4)传动系统和起重机构

①动作部位操作灵敏可靠，运作平稳，无异响和过热现象，联轴器无松动；

②钢丝绳规格应符合起重机机械安装规程；

③卷筒、滑轮、吊钩磨损不超过规定，绳卡和压板应符合要求；

④车轮和轨道接触应良好，无明显啃轨，踏面无起皮剥蚀；

⑤制动装置应完整，工作可靠。闸瓦磨损衬垫厚度磨损不超过厚度的 50%，制动轮磨损不超过 2 mm，小轴及心轴磨损不超过原直径的 5%。

(5)安全装置

①安全装置、限位应齐全、灵敏、可靠；

②防护设施应安全、牢固；

③指示标志应醒目、有效。

(6)润滑系统

①润滑装置应完整、有效，油路畅通；

②减速箱等无明显渗漏；

③润滑部位应润滑良好，油质油量应符合要求。

(7)验收资料

①出厂随机资料齐全，无缺失；

②特种设备注册登记资料应齐全。

11. 工程竣工验收

(1)工程收尾

工程完工正式通过验收前，组织作业人员对施工场地进行彻底清理，拆除临时设施，做到工完料净；恢复施工临时用地，交一项优质工程，还一片绿色环境。

清除剩余材料、垃圾，拆除施工期间的所有临时设施，将渣土清运干净，平整场地。保持施工现场及工程整洁，达到监理工程师认为合格状态。

做好坑沟回填压实平整工作，恢复或完善临时用地原貌。

疏通、清理排水系统。

隧道内的泥渍、粉尘等用水冲洗干净。管沟、集水井泵坑、结构阴角处加强清扫，保持清新干净。

按验收纪要的决定进行修复项目和新增项目的施工。

执行并完成甲方或监理工程师提出的其他相关要求和指令，做好相关工作。

(2)工程记录与竣工文件

由资料员负责收集、整理、归档,保存有关工程进度、质量检验、隐蔽工程检查、试验报告、测量及量测记录、障碍物拆除等所有工程的原始记录、照片、声像资料等。

(3)竣工验收

完成设计图纸和合同约定的全部内容后,并合格地通过了按合同规定的各项检测、检验,已按本工程的验收规定编制竣工图表和竣工资料后,自行组织验收,按交通部有关技术标准自评质量等级、编制竣工报告,竣工报告包含已完工程情况、技术档案和施工管理资料情况、工程质量评定情况等。向监理工程师提出验收的申请,同时抄送甲方。

参加甲方组织的验收工作,对验收提出的问题按验收纪要的决定实施,属于承包人的责任需修复的项目,立即进行修复,对于新增项目要求承包人施工的尽快安排施工。

正式验收结束后,办理竣工、移交及各项认证手续。

通过验收后本工程即进入缺陷责任期。在缺陷责任期内,按单位及合同规定,在一定期限内对工程进行回访,听取甲方意见,对属施工质量问题,负责返修,不留隐患。

# 第7章 安全管理

建筑施工安全管理，是指通过特定的安排、协调、控制手段，实现建筑工程项目消除或者降低事故发生目标的行为，包括所有与建筑工程安全管理有关的生产活动。

为了实现安全生产的目标，需要对整个生产环节制定计划，并通过对人、物、机等各类资源进行有机地整合，通过控制的手段完成既定目标。专家们对建筑工程安全管理有各自的解释，其中有很大部分是具有共性的，通过整理汇总专家的理解认识，我们认为建筑工程安全管理可以分为两个阶段，其中一种是项目实施过程中的安全管理，即通过科学有序的计划安排和控制手段实现安全生产；另一种是项目竣工交付使用后，对于建筑物本身的质量状态的安全管理，保障其在设计使用周期内正常使用。本文主要针对第一种情况进行研究。

项目的施工阶段，由于施工现场复杂性，是项目实施全过程中安全事故发生的高峰期，参与项目实施的诸如甲方、设计、劳务分包、监理公司的因素都会对安全事故的发生带来影响。安全施工是指在项目实施阶段，全员按照计划阶段制定的生产计划、安全计划按部就班地进行生产活动。从管理层的角度来讲，需要做到合理制定安全政策制度，对现场作业进行监督监管。

通过对我国近些年来建筑行业重大安全事故进行整理，发现其中有一些共性的问题。任何事故的产生都有其必然的原因，当这些因素在同一时间同一地点出现时，事故便随之发生。大致归纳为以下几个原因：缺乏正确安全意识、责任划分不明、制度制定不明确、安全投入上有侥幸心理。针对这些原因本工程以安全总目标为原则，建立了适合青岛8号线观科区间的安全管理体系，提出了施工现场安全技术措施、主要施工项目安全技术措施等一系列安全措施，来保证工程安全有序地进行。

## 7.1 安全目标

以“零事故”理念为核心，实现安全生产“零事故”。杜绝特大事故、重大事故、重大交通安全事故、设备和火灾事故；轻伤率控制在3‰以下；安全设施齐全，劳动保护用品配备100%；不发生基坑坍塌、洞内塌方冒顶的责任事故；避免一次性直接经济损失在五万元以上的其他工程事故；杜绝因施工所造成的地表沉陷以及由此引起的房屋开裂、倒塌、道路交通中断、通信中断、漏水和漏气等工程施工责任事故；消灭违章指挥，消灭违章作业，消灭惯性事故。

严格遵守国家与相关部门、青岛市有关安全生产的法律、法规和相关规定，工地安全检查达标。

## 7.2 安全管理体系

建立施工安全管理体系，能使劳动者获得安全与健康，促进安全文明生产。安全管理体系是一个动态的、自我调整和完善的管理系统。安全管理体系建立的原则是：

(1)贯彻“安全第一，预防为主”的方针，必须建立健全安全生产责任制和群防群治制度。

(2)必须适用于工程施工全过程的安全管理和控制。

(3)施工安全管理体系的建立，必须符合法律、法规、规程的要求。

根据以上原则我们从组织保证、制度保证、实施保证三个方面来建立安全管理体系。

1. 组织保证

成立由项目经理、项目副经理、项目总工、安质部长组成的安全管理领导小组，其中项目经理为第一责任人，安全副经理为安全生产的直接责任人，项目总工为技术负责人。专职安检工程师负责日常的安全管理工作的落实，督促工人按有关安全规定进行生产。各工区设专职安检员，各班组设兼职安全员。安全管理组织机构及安全管理保证体系如图 7.2-1和图 7.2-2 所示。

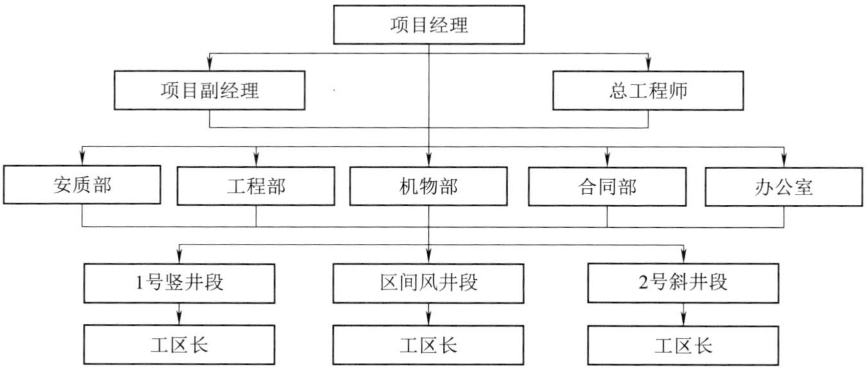


图 7.2-1 安全管理组织机构图

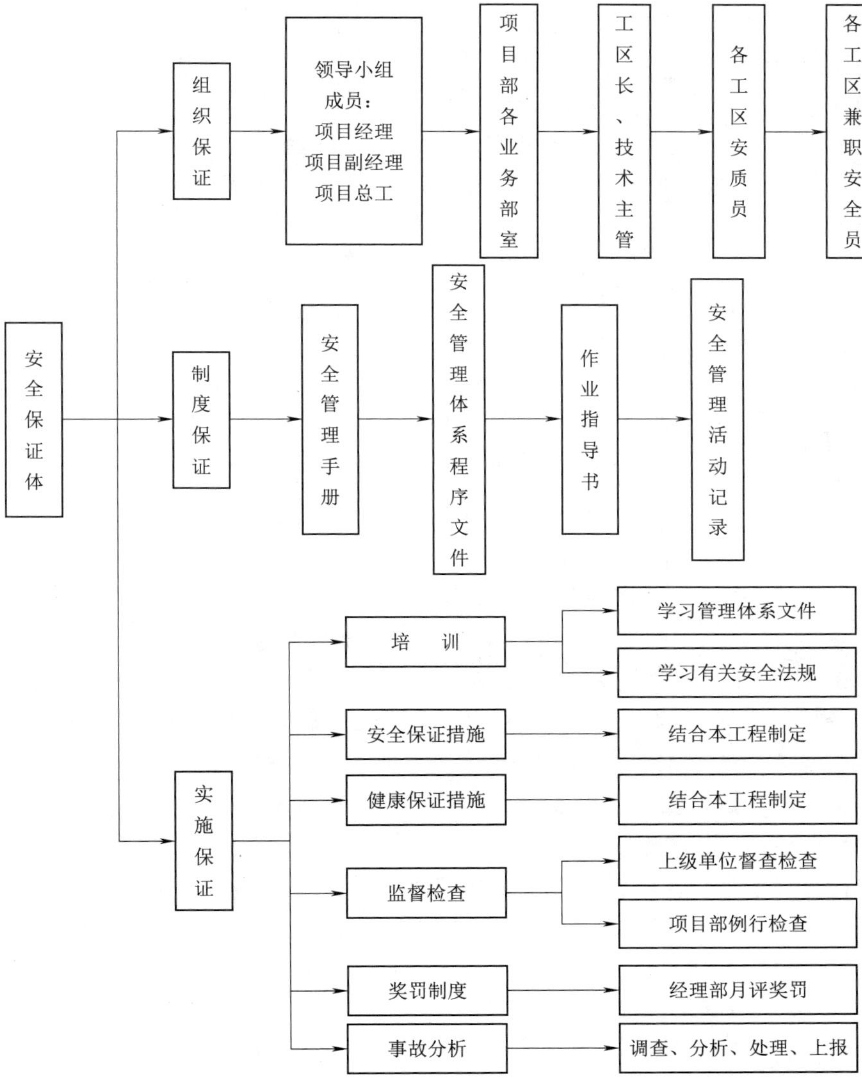


图 7.2-2　安全保证体系框图

安全管理领导小组，对项目经理部及各工区负责人进行分工，从项目经理至施工班组层层明确安全管理岗位职责，制定相关规章制度，确保安全管理工作有章可循。各部门岗位职责具体如下：

(1)项目经理安全职责

①贯彻执行国家的安全生产方针、政策、法规和上级指示。

②及时布置季节性的安全技术和劳动保护工作，并进行定期或不定期安全大检查，及时解决安全生产隐患，使施工现场、机电设备设施等处于良好状态。

③组织领导有关单位、部门进行全员安全教育并对生产管理和技术人员、工人进行定期考核。

④组织领导项目部开展安全生产竞赛，发布安全生产奖惩办法与奖惩决定，调动一切积极因素。

⑤安全事故要按“三不放过”的原则处理，组织重伤以上事故、多人受伤事故和应由经理负责办理的机电、交通、行车、火灾等事故的调查分析、处理、上报，提出今后预防措施，并督促实施。

⑥督促有关部门及时发放安全防护用品，并教育职工正确使用。

(2)项目副经理安全职责

①制订各种安全生产岗位责任制，并检查、督促、执行、落实。

②在坚持安全工作“五同时”时，安排安全工作，定期召开安全例会，分析安全情况，发展趋势，找出存在的问题，采取措施，并组织实施。

③工程开工前，必须组织制订安全措施，对重点工程、关键部位和采用新技术、新结构、新工艺、机电作业、雨季施工、交叉、多层、高处作业以及其他危险性较大的工程和本单位没有做过的工程等，都应组织学习，制订专项安全措施，并经常检查执行情况。

④经常深入现场，检查设备、工具、生产、安全设施等情况，及时消除隐患。

⑤在生产进度和安全发生矛盾时，坚持“安全第一”的原则。

⑥发生重伤以上及多人事故，要立即亲赴现场，组织抢救。

(3)总工程师安全职责

①认真贯彻执行国家安全生产方针、政策、法规和上级有关安全生产的指示、条例、规章。

②组织编制、审定施工方案、审核技术文件和处理技术问题时，必须贯彻安全生产的原则。

③推行新工艺、新技术、新设备、新材料时必须事先制订安全措施。

④指导安全技术教育，组织专业安全技术培训。

⑤参加伤亡事故的调查处理，负责作出技术性结论。

(4)工程部安全职责

①在编制施工组织设计、施工方案、措施、作业计划时，必须同时制订施工安全措施。

②重点工程或技术复杂、危险性大的项目，必须编制专门安全措施并进行技术

交底，经常检查其实施情况。

(5)安质部安全职责

①经常深入现场，检查、掌握安全生产动态，提出整改意见，制止违章作业、违章指挥，遇有险情及人身安全时，有权暂停生产或指挥作业人员撤离险区，并立即报告有关领导。

②参加领导组织的定期和不定期的安全检查，对查出的问题用安全通知书等形式上报下达，限期改进。

③了解安全生产好坏典型、总结推广先进经验，提出处分和检查意见。

④对违反安全的操作，有权责令停工。

(6)物机部安全职责

①实施机电设备、机动车辆安全技术操作规程、细则和管理、使用、维护保养、定期检修、报废等制度，使其经常保持良好技术状态，并督促检查，不准带病和超负荷运行，不准使用报废机械。

②安装、改装、修理、拆装机电设备，必须符合安全生产和安全技术操作规程的要求，对无安全防护装置的机电设备，要提出安全装置设计，并督促实施。

③按技术要求和物资供应计划供应的设备和材料，必须符合设计要求的质量标准。

④负责物资仓库和危险品运输的安全，建立健全仓库管理制度。

(7)计财部安全职责

①编制和下达生产计划，签订施工合同时，应有安全指标和要求。

②在组织编制财务成本计划时，要优先考虑安全措施项目的款源，正确列支有关劳动保护经费，执行安全生产奖惩的奖金发放和罚款回收工作。

③组织推行经济核算和经济承包责任时，必须把安全工作列为一项重要内容。

(8)办公室安全职责

①负责组织有关部门做好特殊工种的培训、考试、发证。

②对不适当的加班加点，向领导及时提出，严格控制，防止因疲劳发生事故。

③提供符合卫生标准的食品，防止食物中毒。

(9)工区长安全职责

①认真组织执行国家和上级颁发的安全生产的法令、规程、制度、条例、规定、细则、措施和指示要求，每月召开一次有工程技术人员、工班长和安全人员参加的安全例会，总结安全生产情况，研究解决存在的问题，布置下月安全工作，并做好记录，以备复查。

②正确指挥和组织生产、严格控制加班加点，防止因人员超劳、汽车超疲、各种

动力车辆超速而发生的事故，当安全与生产发生矛盾时，必须坚持安全第一的原则，不得违章指挥、盲目蛮干。

③落实岗位安全责任制，加强安全教育、安全检查。

④定期组织安全生产检查，经常深入工地，组织工人维护、保养施工机具。做到文明施工，及时处理不安全因素。制止违章作业，遇有不能处理的隐患，要及时上报并采取防范措施，发现危及人身安全的紧急情况，要采取停止作业、撤离人员的果断措施，并立即向上级反映。

⑤经常对职工、民工进行劳动纪律、安全技术教育，负责对一般工种工人调换岗位的安全教育，坚持特殊工种持证操作制度，对无操作证的特殊工人不得分配工作。对没有经过“三级教育”的新工人不得分配工作。

⑥掌握本单位人员的身体健康情况，不准安排带病人员从事禁忌工种工作。对需要定期体检的工种，应督促按期体检。

⑦发挥安检员的作用，保护其行使检查工作的职权，配齐工班安全员并充分发挥其作用。

⑧保证每周安全活动日的落实并布置、检查活动内容。

⑨督促材料人员及时领发安全生产设备和安全防护用品，并教育职工爱护和正确使用。

⑩发生事故，要立即组织抢救，防止事态扩大，保护现场，及时如实上报。负责轻伤事故、未遂事故的调查分析，参加重伤事故调查分析，及时采取措施，防止同类事故的发生。

2. 制度保证

建立文件化的安全管理体系，可确保安全管理工作制度化、程序化，从而实现全面的系统控制。

安全管理体系文件分为安全管理手册、安全管理程序文件和作业指导书三个层次，各自发挥其独特的作用和功能，健全自我约束机制，有效保护劳动者的安全和健康。

3. 实施保证

(1)培训和教育

①加强职业安全健康宣传教育，学习管理体系文件、各项安全生产法令和规章制度，使各级领导和广大职工群众真正认识到安全生产的重要性、必要性，懂得安全生产的科学知识，牢固树立安全第一的思想。

②电工、焊工、架子工等特殊工种除进行一般的安全教育外，还须经过本工种的安全技术教育，经考核合格发证后，方能独立操作，对从事有尘毒危害作业的人

员，要进行尘毒危害防治知识的教育。

③采用新技术、新工艺、新设备施工和调换工作岗位时，要对操作人员进行新技术操作和新岗位的安全教育，未经教育不得上岗操作。

④工作班每周一下午例行安全学习，学习安全操作规程、安全防护知识，总结施工生产中的安全隐患，制订相应的防范措施。

(2)安全保证措施

结合本工程特点，制定以下安全保证措施：

①隧道开挖初期支护安全措施。

②装卸渣与运输安全措施。

③提升设备使用安全措施。

④衬砌作业安全措施。

⑤临时用电安全措施。

(3)健康保证措施

结合本工程特点，制定以下健康保证措施：

①施工尘埃控制。

②施工噪声控制。

③体检制度。

④劳动防护用品发放使用。

⑤施工场地、生活区卫生环境保持。

(4)监督检查

①项目部对生产中的安全工作，要组织定期和不定期检查，定期检查经理部每月组织一次。

②加强安全生产的组织领导，每次定期的安全生产检查，领导干部必须亲自挂帅，并由有关人员组成检查领导小组，针对安全生产中存在的实际问题制定具体计划，提出明确的目标和要求，充分做好宣传动员，有计划、有重点地进行检查。

③安全生产检查时作到自查与互查结合，上下结合的方法，横向到边、竖向到底，不留死角，做到边检查、边整改。做到条条有着落，件件有交代。

④针对施工专业性的特点还应进行专业性安全检查和整改。

⑤奖罚制度：加强安全检查，开展安全生产竞赛，实行安全生产奖惩。将安全生产与经济利益挂钩，对安全生产好的个人和班组给予重奖，对违章指挥、违章操作、忽视安全的行为给予重罚，对造成安全事故者视其情节轻重严肃处理。

⑥事故分析：安全事故按“事故原因不清不放过，事故责任者和群众没有受到

教育不放过，没有防范措施不放过”的原则进行调查、分析、处理、上报，并提出今后预防措施。

## 7.3 施工现场安全技术措施

(1)根据施组和工程实际情况，编制详细的安全操作规程、细则，并制定切实可行的安全技术措施，分发至工班，组织逐条学习、落实，抓好“安全五同时”(即：在计划、布置、检查、总结、评比生产的同时，计划、布置、检查、总结、评比安全工作)和“三级安全教育”。

(2)每一工序开工前，做出详细的施工方案和实施措施，报监理审批后，及时做好施工技术及安全工作的交底，并在施工过程中督促检查，严格执行特殊工种必须持证上岗制度。

(3)施工现场的布置应符合防火、防暴风、防雷、防洪、防触电等安全规定及安全施工要求，施工现场的生产、生活用房、仓库、材料堆放场、修理间、停车场等应按业主批准的总平面布置图进行统一布置。

(4)现场道路平整、坚实、畅通，危险地点应悬挂按照有关规范规定的标牌，夜间有人经过的坑、洞应设红灯示警，现场道路应符合《工厂企业内运输安全规程》的规定，施工现场设置大幅安全宣传标语。

(5)现场的生产、生活区要设足够的消防水源和消防设施网点，消防器材设专人管理，不得乱拿乱动，并组成一个15～20人的义务消防队，所有施工人员均要求熟悉并掌握消防设备的性能及使用方法。

(6)各类房屋、库房、料场等的消防安全距离符合公安部门的规定，室内不得堆放易燃品。严禁在木工加工场、料库等处吸烟；现场的易燃杂物随时清除；严禁在有火种的场所或其近旁堆放。

(7)氧气瓶不得沾染油脂，乙炔发生器必须有防止回火的安全装置，氧气瓶与乙炔瓶要隔离存放。

(8)施工现场临时用电，严格按《施工现场临时用电安全技术规范》(附条文说明)(JGJ 46—2005)的有关规定执行。

(9)临时用电线路的安装、维修、拆除，均由经过培训并取得上岗证的专业电工完成，非电工不准进行电工作业。

(10)电缆线路应采用“三相五线”接线方式，电气设备和电气线路必须绝缘良好，场内架设的电力线路其悬挂高度和线间距必须符合安全规定，并架在专用电杆上。

(11)变压器必须设接地保护装置，其接地电阻不得大于4 Ω，变压器设围栏和门加锁，专人管理，并悬挂“高压危险，切勿靠近”的安全警示牌。

(12)室内配电柜、配电箱前要有绝缘垫，并安装漏电保护装置。各类电器开关和设备的金属外壳，均应设接地或接零保护。

(13)防火、防雨配电箱，箱内不得存入杂物，并且要设门加锁，专人管理。

(14)移动的电气设备的供电线路使用橡胶电缆，穿过场内行车道时，穿管埋地敷设，破损电缆不得使用。

(15)检修电气设备时必须停电作业，电源箱或开关握柄上挂“有人操作，严禁合闸”的警示牌并设专人看管。必须带电作业时要经有关部门批准。

(16)现场架设的电力线路，不得使用裸导线。临时敷设的电线路，必须安设绝缘支撑物，不准悬挂于钢筋模板和脚手架上。

(17)施工现场使用的手持照明灯使用 36 V 的安全电压，在潮湿的洞室掘进用的照明灯则采用 12 V 电压。

(18)严禁用其他金属丝代替熔断丝。

(19)施工前应根据设计文件复查地下构造物，如地下电缆、光缆、给排水管道等的埋设深度及走向，并采取相应的措施进行保护。施工中如发现危及地下构筑物、地面建筑物或有危险品、文物时，立即停止施工，待处理完毕后施工。

(20)所有施工人员必须戴安全帽，特殊工种按规定带好防护用品。

## 7.4　主要施工项目安全技术措施

### 7.4.1　开挖初期支护安全措施

(1)开挖前，需在进洞前的施工准备工作完成之后，经上级检查认可方能进行施工。

(2)施工前，主管工程师需向干部、工人进行技术交底，内容包括：设计文件、施组、地质说明、施工方法、使用机具、开挖与衬砌断面尺寸、预留下沉量和施工误差掌握、工序、工艺、循环进尺、安全措施、质量标准以及中线水平控制办法等。

(3)坚持以地质为先导的原则，时刻掌握隧道的地质情况，异常地质要有特殊的超前支护和初期支护措施。

(4)坚持先护顶后开挖的原则施工，采用超前小导管预注浆加固措施，在特殊地段采用大管棚施工。通过试验确定注浆的压力、配合比、浓度、固结范围，做到心中有数，保证注浆能够达到预期的目的。

(5)施工人员到达工作地点后，工班长应首先组织大家分头检查工作面，检查机具设施是否处于安全状态，详细检查支护是否牢固，掌子面是否稳定，如有松动和裂纹,应及时加固处理。

(6)严格控制每循环进尺,开挖成形后及时进行初期支护,确保工序衔接,尽早施作仰拱封闭成环,以改善受力条件,对特殊地段缩小钢格栅的间距,加强初期支护。

(7)加强监测:开挖初期支护后,量测拱顶下沉及边墙收敛、地面下沉与隆起、格栅钢架内力,及时对数据进行分析,发现异常情况立即上报,并采取相应防治措施。

(8)为克服隧道施工伤害事故的发生,每班都必须设专职安全员,对开挖面、支护过的地段,要经常检查,发现异常应随时处理,如发现可能有险情时,应立即撤离工作人员并报告上级处理。根据开挖后围岩及地下水揭示情况,如围岩与勘察严重不符、需要变更支护措施,按照地铁公司变更管理办法及时汇报监理组织变更;如围岩与勘察吻合,局部有渗水或湿渍较大地段,项目部应根据现场情况判断,在安全第一的指导原则基础上自行及时做出必要的处理措施,由项目总工确定支护措施,由现场负责人负责实施。

(9)两工作面接近贯通时,两端施工应加强联系,统一指挥。两端开挖工作面相距接近八倍循环进尺或接近 15 m 时,应停止一端工作,撤出人、机,在安全距离外设立警戒标志,防止人员误入险区。

(10)在处理机械故障时,必须断电、停风。

(11)停工期间掌子面封闭措施见表 7.4-1。

喷混凝土过程中,喷混面不得出现漏喷,不得出现露筋的现象。掌子面喷混凝土完成后,在已封闭掌子面布设监测点。

采用台阶法进行施工的,下台阶与上台阶之间修成坡道,以便于发生险情时可以快速进行抢险措施。

**表 7.4-1 停工期间掌子面封闭措施**

| 围岩等级 | 封闭措施 | 备注 |
|---|---|---|
| Ⅱ/Ⅲ | 全断面采用喷混 C25 混凝土 5 cm | 在出水量较大的掌子面设置直径 42 mm 引水管,进行引排 |
| Ⅳ1/Ⅳ2 | 挂设直径 8 mm 的孔径 200 mm×200 mm 钢筋网片。喷混 C25 混凝土 5 cm | |
| Ⅴ | 锚杆+挂网喷混,锚杆长度 1.5 m,水平纵向间距 2.0 m×2.0 m 梅花形布置,喷混凝土厚度 8 cm | |

### 7.4.2 装卸渣与运输安全措施

(1)隧道的弃渣场地,必须避免因弃渣造成排水不畅与过大土压引起对建筑物的危害;若靠近交通道,应防止弃渣危害车辆与人身安全。有害环境保护的弃渣方案,应征得当地环保部门的同意。

(2)进入隧道的机械车辆,必须选用带净化装置的柴油机。汽油机械与车辆不得进洞。

(3)装载料具时,不得超出装载限界。装运大体积或超长料具时,应捆扎牢固,并加游车与保险绳和显示限界的红灯,还应专列运输和专人指挥。

(4)各种运输设备不得人、料混装,严禁非司机、非调车员搭乘非运人的车辆与行走机械。否则调车员与司机有权拒绝发车。

(5)禁止使用装载机当“吊车”爬坡和当运输车用,以免违章发生事故。

7.4.3 衬砌作业安全措施

(1)衬砌使用的脚手架、工作平台、支撑体系、跳板、梯子等,应安设牢固,其承重不得超过设计能力,并应在现场标明;靠轨道的应有足够的净空,保证车辆、行人安全通行;脚手架、工作平台应搭设不低于1 m的栏杆,底板应满铺,木板端头必须搭在支点上,严禁出现探头板;不得以模板架兼作脚手架。工作台与跳板上不得有露头钉子;跳板宽度应不小于60 cm,自由长度不应大于3 m,并钉防滑木条,高度大于2 m时,外侧应有栏杆;上下平台的梯子一侧应有扶手。

(2)灌注混凝土前,应先检查挡头板是否稳定和严密,灌注时必须两侧对称进行,不使模板体系受到偏压;拆除混凝土输送软管时,必须停止混凝土泵的运转。

(3)铺底衬砌,尽量安排超前,以利拱墙衬砌施工的加快速进行和保证运输安全,作到文明施工。

(4)吊装和拆除模板宜用小型机具,设专人指挥、监护,以防事故发生。

7.4.4 钢筋加工安装安全保证措施

(1)施工人员必须进行技术培训,并持证上岗操作。

(2)钢筋加工前应先调直再加工,切口端面宜与钢筋轴线垂直,端头弯曲、马蹄严重的应切去。

(3)丝头加工时应用水溶性切削液,严禁用机油切削或不加切削液进行加工。

(4)为保证丝头加工长度必须使用挡铁进行限位,挡铁在使用时必须将钢筋紧贴住挡铁,撤下挡铁后将钢筋加紧。

(5)钢筋夹持在后钳上后必须将钢筋夹持紧。加工拐铁钢筋时,正对拐铁处严禁站人,以防因钢筋为夹紧而甩起打人。钢筋转动时不得用手抓握钢筋。

(6)设备必须有地线连接,设备电源必须有漏电保护装置,设备维修必须有专职人员进行,不得私自进行维修。

(7)每次冷挤压施工之前,应将高压油管接头的螺纹拧紧,防止因螺纹过松导致油管接头崩开伤人,操作时注意高压油管的反弹方向不得对着他人。

(8)模具放正后,应扳好挡板后再进行压接。

(9)操作压接器的人员,在压接时应在压接器的侧面操作,头部应避开模具压接的正上方,上压时,严禁近距离俯视模具。

(10)高处作业时,压接器下面不得站人。

(11)所有操作及相关设备必须符合相应安全规范、规程、标准。

7.4.5 模板安装安全保证措施

(1)登高作业时,各种配件放在工具箱内或工具袋内,严禁放在模板或支架上。

(2)装拆施工时,上下有人接应,随拆随运转,并把活动部件固定牢靠,严禁堆放在模板台架上或抛掷。

(3)安装模板时,随时支撑固定,防止倾覆。

(4)拆除拱部模板,设临时支撑,防止突然整块塌落。

(5)吊装模板时,必须在模板就位并连接牢固后,方可脱钩,并严格遵守吊装机械使用安全有关规定。

(6)拆除模板时由专人指挥和切实可靠的安全措施,并在下面标出作业区,严禁非操作人员进入作业区。操作人员配挂好安全带,禁止站在模板的横杆上操作,拆下的模板集中吊运,并捆绑牢固,不准乱扔,拆模间歇时,将活动的模板、支撑等固定牢固,严防突然掉落,倒塌伤人。

(7)模板放置时不得压有电线气焊等。

7.4.6 施工机械的安全保证措施

(1)施工现场实施机械安全管理及安装验收制度。使用的施工机械、机具和电气设备,在投入使用前,应按规定的安全技术标准进行检测、验收,确认机械状况良好,能安全运行的,才准投入使用。

(2)使用期间,应当指定专人负责维护、保养,严格执行工作前的检查制度和工作中注意观察及工作后的检查保养制度,保证机械设备的完好率和使用率。

(3)所有机械操作人员都必须经过培训合格后,持证上岗。不准操作与操作证不相符的机械,不准将机械设备交给无本机械操作证的人员操作,对机械操作人员要建立档案,专人管理。

(4)所有机械均应分别制定安全操作规程,并挂牌上墙。

(5)驾驶室或操作室应保持整洁,严禁存放易燃、易爆物品,严禁酒后操作机械,严禁机械带病运转或超负荷运转。

(6)机械设备在施工现场停放时,应选择安全的停放点,夜间应有专人看管。

(7)用手柄启动的机械应注意防止手柄倒转伤人。向机械加油时要严禁烟火。

(8)严禁对运转中的机械设备进行维修、保养、调整等作业。

(9)指挥施工机械作业人员,必须站在可让人眺望的安全地点并应明确规定指挥联络信号。

(10)使用钢丝绳的机械,在运行中严禁用手套或其他物件接触钢丝绳。

(11)定期组织机电设备、车辆安全大检查,对检查中查出的安全问题,按照“三不放过”的原则进行调查处理,制定防范措施,防止机械事故的发生。

7.4.7 临时支护安装及拆除安全保证措施

本工程区间均为暗挖法施工,施工竖风井对提升设备的使用较多。必须加强对提升设备的日常检查工作,日常检查由作业司机在班前进行,在确认提升机正常时,方可投入作业。

(1)检查内容

①空载提升吊斗做 1 次上下运行,验证是否正常,并同时碰撞限位器和观察安全门是否灵敏完好。

②在额定荷载下,将吊斗提升至离地面 1～2 m 高度停机,检查制动器的可靠性和架体的稳定性。

③检查安全停靠装置和断绳保护装置的可靠性。

④检查吊斗运行通道内有无障碍物,当有障碍物,又确实不能移开的必须保证起吊高度能超过障碍物 50 cm;否则必须通知相关人员进行处理。

⑤检查作业司机的视线或通信装置的使用效果是否清晰良好。

(2)钢丝绳在使用过程中应经常检查、修整,如发现磨损锈蚀、断丝等现象时,应降低其受力。如破坏严重时应立即报废更换。

(3)吊装过程中如因故暂停,必须及时采取安全措施,并加强现场警戒,尽快排除故障,不得使工件长时间处于悬吊状态。

(4)吊装时,任何人不得随同工件或吊装机具升降。

## 7.5 施工应急管理

为快速有效的处置青岛地铁 8 号线施工现场安全生产事故的突发事件,提高本标段对安全生产事故的应急处置能力,最大限度地减少人员伤亡和财产损失,保障施工生产的顺利进行。根据《安全生产法》《建设工程安全生产管理条例》和其他安全生产相关的法律、法规及上级的规定和要求,随时应对各项突发事件。在紧急情况下对其作出应急准备和响应,使急救工作程序化、科学化、机动化,并明确在应急救援预案中各相关部门、人员在应急中的职责,根据青岛地铁 2 号线工程确认的高中度风险，并针对本工程施工的特点，结合项目的施工生产的实际，特制订本项目安全应急救援预案。

7.5.1 本项目施工中可能发生的以下几种安全事故

(1)隧道坍方事故安全应急救援预案

(2)涌水、突泥安全事故应急救援预案

(3)地面、管线沉降安全事故应急救援预案

(4)周边建(构)筑物沉降、倾斜安全事故应急救援预案

(5)高空坠落事故安全应急救援预案

(6)火灾事故安全应急救援预案

(7)机械、触电安全事故应急救援预案

(8)起重设备安全事故应急救援预案

(9)食物中毒事故安全应急救援预案

7.5.2 安全生产事故的处置机制、职责和分工

1. 成立应急领导小组

应急领导小组如图 7.5-1 所示。

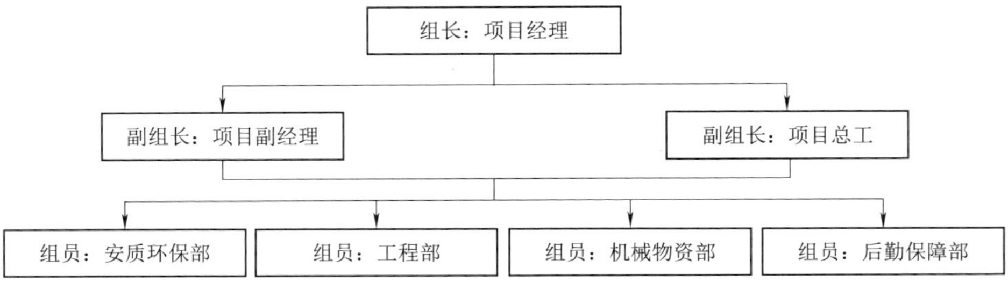


图 7.5-1 应急领导小组

2. 应急救援职责和分工

安全应急救援领导小组：负责本标段工程的应急救援工作，指导建立和完善应急组织体系和应急预案、及时了解掌握本标段工程重大安全事故情况，及时向监理部、业主和上级安质主管部门报告事故情况，指挥、协调本标段工程重特大安全事故应急救援工作，及时了解现场人员伤亡和经济损失情况以及特大事件的影响范围；已采取的措施和事态发展情况，及时将事故现场情况向监理部、业主和上级安质主管部门报告；协调救援工作，组织对事故现场进行人力、物力支援、善后处理、事故调查等；负责事故新闻报道的指导、把关工作，编发事故调查情况等。组织开展事故应急救援技术研究、应急知识宣传教育工作。

组长：全面负责安排本项目部安全事故应急预案的编制、安全事故应急预案的审批及安全事故应急预案演练工作。在安全事故应急救援期间负责启动安全事故应急预案的实施，以及安全生产事故所需人员、资金、物料等资源的调动，掌握了解事故情况，组织现场抢救。

副组长：负责安全事故应急救援预案的编制、安全事故应急预案的审核及安全事故应急预案演练。在安全事故应急救援期间对各部门在紧急应变中的分工协作和响应中的统一指挥调度，并根据指挥小组的命令，组织与医院及有关部门联系，详细说明事故发生地点、事故情况，并派人到指定路口接应，保持与当地电力、建设行政主管部门、医疗卫生及劳动部门的联系和相关部门的协助工作。负责维持现场秩序，做好当事人、周围人员的问讯工作，并协助相关部门。

安全员：负责事故应急救援期间信息收集以及内、外部（外部：当地政府、110 公安部门、119 消防部门、122 交通警察部门、120 医疗救护部门的紧急联系电话），上下级联络汇报工作，并按规定向上级及相关部门汇报，同时按照领导的决策和安排进行上传下达工作，做好急救工作中车辆、物料、人员等的调遣工作及善后处理工作。

负责紧急救援应急预案的编制和演练培训，并负责日常应急预防工作，参与紧急应变过程并做好紧急事故处理记录；对施工现场的施工安全防护、劳动保护用品使用等情况进行不定期的检查，发现问题及时令其改正，对有毒化学品的贮存、发放、使用情况进行监督、检查等工作，并在事故应急救援期间负责做好事故现场的安全监护、事故调查处理及善后处理工作。

抢险人员：在接到事故抢险命令或消息后，立即在第一时间内赶到事故现场进行抢险工作，并协助保护好事故现场。

3. 工作程序

（1）报告、联络

①发生事故后，施工现场负责人应立即向项目部办公室或安全员报告，在通信工具无法接通时，可采用口头传递方式报告，争取第一时间进行救援。

②办公室或安全员接到事故报告后应立即报告项目经理。

③项目经理应立即报告上级主管部门并召集应急小组成员，应急小组成员按照应急预案中规定的责权开展工作。

（2）应急报告

事故发生后，项目部在 4 h 内将事故放生的时间、地点、伤亡人数及事故的简要经过用传真机或电话报告上级主管部门。

（3）现场处理

事故所有受伤人员受伤时一般需要进行紧急救护，为了挽救遇难者的生命，在事故现场须毫不迟疑地采取以下急救措施：

①组织疏散围观人员，立即抢救被困受伤人员，搀扶受伤人员离开现场救治，对重伤人员立即送往最近医院进行抢救。

②立即进行现场封锁，无关人员不得进入事故现场，并检查事故后周边的环境状态，对有可能发生的状况进行处理，防止事态的进一步扩大。

③对于现场的一些被污染的材料、油料等应进行临时隔离保护措施，防止引起爆炸和火灾。

④工程部门派专人及时对事故进行照相、录像，对现场进行认真、全面的勘验，发现和收集确定事故原因的各种痕迹、物证。

4. 抢险程序

(1)项目部负责本工程引起的各类重特大安全生产应急救援抢险工作。

(2)属重特大事故的由协调小组立即上报监理部、业主有关部门并下达抢险任务。

5. 突发事件上报程序

突发事件上报程序如图 7.5-2 所示。

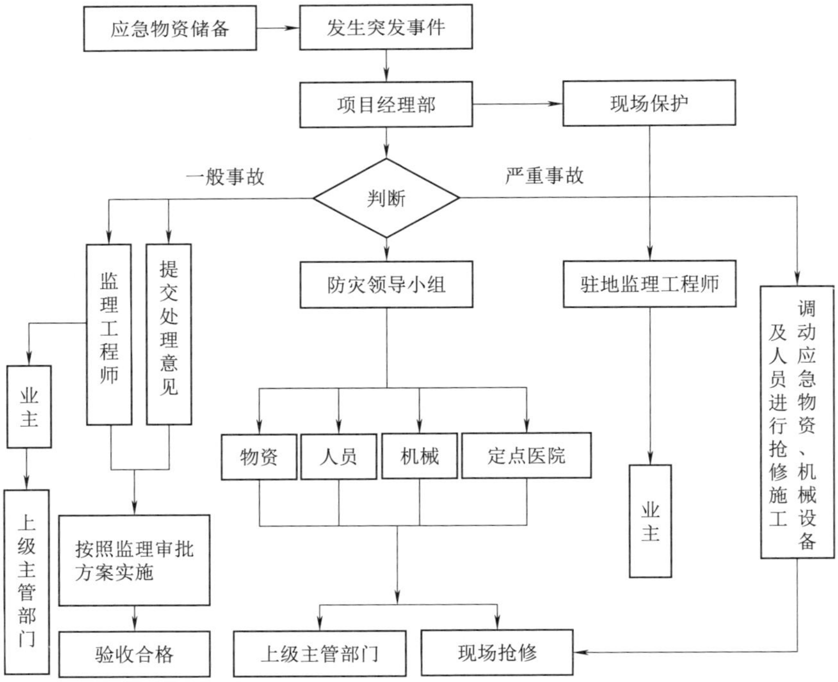


图 7.5-2 突发事件上报流程

7.5.3　应急抢险人员、器材、设备

抢险队伍负责突发事故的抢险工作。

人员：抢险管理人员；具有特种操作技能的工人(包括：电工、电气焊工、起重吊装工、架子工等)40 人，普通工人 60 人，总人数 100 人。

应急物资计划见表 7.5-1，应急设备见表 7.5-2，现场应急调配设备见表 7.5-3。

表 7.5-1　应急物资计划表

| 序号 | 名称 | 型号 | 单位 | 数量 | 存放地点 |
|---|---|---|---|---|---|
| 1 | 编织袋 | 水泥袋 | 个 | 10 000 | 现场 |
| 2 | 钢　管 | 脚手管 | t | 10 | 现场 |
| 3 | 铁　丝 | 8 号 | t | 2 | 现场 |
| 4 | 金属网片 | 普通 | t | 3 | 现场 |
| 5 | 圆　木 | 50 mm | 根 | 200 | 现场 |
| 6 | 毛　竹 | 50 mm | 根 | 200 | 现场 |
| 7 | 铁　锹 | 带尖 | 把 | 100 | 现场 |
| 8 | 黄　砂 | 中砂 | $m^3$ | 50 | 现场 |
| 9 | 水　泥 | 425 号 | t | 50 | 现场 |

表 7.5-2　应急设备表

| 序号 | 名称 | 型号 | 单位 | 数量 | 存放地点 |
|---|---|---|---|---|---|
| 1 | 吊 车 | 8 t | 台 | 1 | 现场 |
| 2 | 吊 车 | 12 t | 台 | 1 | 现场 |
| 3 | 装载机 | ZL50 | 台 | 1 | 现场 |
| 4 | 挖掘机 | CAT330 | 台 | 1 | 现场 |
| 5 | 风　镐 |  | 台 | 8 | 现场 |
| 6 | 锚杆钻机 |  | 台 | 8 | 现场 |
| 7 | 空压机 |  | 台 | 12 | 现场 |
| 8 | 担　架 |  | 副 | 20 | 现场 |
| 9 | 氧气袋 | 医用 | 个 | 20 | 现场 |
| 10 | 氧气瓶 | 医用 | 个 | 8 | 现场 |
| 11 | 水　泵 | 6 寸 | 个 | 10 | 现场 |

表 7.5-3 现场应急调配设备

| 序号 | 设备名称 | 设备型号 | 单位 | 数量 | 调配地点 |
|---|---|---|---|---|---|
| 1 | 面包车 | 7 座 | 台 | 3 | 施工现场 |
| 2 | 吊　车 | 16 t | 台 | 1 | 施工现场 |
| 3 | 灭火器 | MFZL5 型 | 台 | 50 | 施工现场 |
| 4 | 抽水泵 | 扬程 50 m | 台 | 50 | 施工现场 |

7.5.4 应急措施

1. 隧道塌方事故安全应急救援措施

(1)发生塌方事故后，应立即报告应急抢险领导小组，由项目经理负责现场总指挥。发现事故人员首先高声呼喊，通知现场安全员，并由安全员组织施工人员紧急撤离至安全区域。

(2)如有人受伤，立即拨打“120”急救中心取得联系，并详细说明事故发生地点、事故情况，并派人接应。

(3)在向有关部门求救的同时，对受伤人员在现场安全地带采取可行的应急措施。如现场包扎止血措施，防止受伤人员流血过多造成死亡事故的发生。对呼吸、心跳停止的伤员进行现场心脏复苏抢救。

(4)若事故严重，应立即上报公司及有关部门，并启动公司应急救援预案。

(5)如有人员被掩埋，要采取有效安全防护措施后，组织人员按部位进行人员抢救，尽量解除重物压迫，减少伤员挤压综合症的发生，并将其转移到安全的地方，防止事态进一步扩大。

(6)若隧道拱顶出现大面积塌方、冒顶，除了及时抢救人员外还要及时联系交通部门，对该站上方的交通进行疏解，以防发生二次事故。

2. 涌水、突泥安全事故应急救援措施

(1)报警及接警处置

最先发现涌水或突泥安全事故的人员，立即向项目经理或安全员报警并采取相应的措施。当接到涌水或突泥安全事故报警后，应急响应小组立即展开工作，并将情况及时报告上级。

(2)应急疏散

疏散引导小组应将事故现场及周围的人员按秩序引导疏散到安全地带。

(3)安全防护救护

①事故影响降到最低，应急救援的总原则为：分级负责，现场自救与社会救援

相结合，救人第一的原则，现场人员应立即进行抢险工作，尽最大可能减少人员伤亡、财产损失，控制事故的扩大。

②避免出现二次损失，设立醒目的警告标志；阻止无关人员、车辆进入危险地带。

③伤势较重时，拨打急救电话120或送就近医院救治；并安排有急救常识的人员或医生护送伤员去医院。

④采取现场止血，保护好断肢(卫生及保温)及骨折部位的包扎固定，防止骨折处错位。

⑤伤员刺激其苏醒，要注意防止呕吐物吸入阻塞呼吸道。

⑥心跳停止者，尽早做人工呼吸，使其心跳恢复。

⑦事故发生后，负伤者或者事故现场有关人员应立即直接或逐级报告企业负责人。

⑧伤员撤离完后，及时调集抢险设备和物资根据现场情况对隧道涌水、突泥进行处理，防止事故蔓延扩大。

⑨回填沙袋，阻止涌水、突泥规模扩大；险情得到控制后，立即抽排洞内的泥浆，并及时组织人员在掌子面做好混凝土止浆墙并进行全断面压浆封堵。

(4)通信联络

通信联络小组应保障指挥中心与事故现场的通信畅通，负责各种信息的传递。

3. 地面、管线沉降安全事故应急救援措施

(1)当出现地表监测沉降数据大于30 mm或出现异常渗漏水时，采取以下措施：

①立即上报监理及业主代表和青岛地铁8号线项目经理部，同时通知管线产权部门。

②挂网喷射C20混凝土封闭掌子面，并对隧道结构架设水平及横向工字钢支撑。

③对渗水处采用铁丝网包裹并浇筑C30早强混凝土。

④探测雨污水管基础形式，在管线基础打设3 m、$\phi$32注浆小导管，水平间距0.5 m，压注水泥浆。

(2)当地表沉降监测数据报警时，采取以下措施：

①立即上报监理及业主代表和青岛地铁8号线项目经理部，视情节严重通知交警部门，查找原因并制定相应对策。

②挂网喷射C20混凝土封闭掌子面，并对隧道结构架设水平及横向工字钢支撑。

③对掌子面进行注浆处理。

④采取地面注浆形式加固地层。

4. 周边建(构)筑物沉降、倾斜安全应急救援措施

区间周边建(构)筑物中最大的风险源是区间下穿过沟角社区、观涛社区,当过社区沉降监测数据报警时,采取以下措施:

(1)立即上报监理及业主代表和青岛地铁8号线项目经理部,视情节严重通知权属单位、商铺业主和交警部门。查找原因并制定相应对策。

(2)挂网喷射C20混凝土封闭掌子面,并对隧道结构架设水平及横向工字钢支撑。

(3)对掌子面进行注浆处理(采用双快水泥)。

(4)有条件时采取地面注浆形式加固过街通道基础。

5. 高空坠落事故安全应急救援措施

(1)发生坠落事故,现场应急预案小组人员应及时赶往出事地点,积极采取对伤员的救护,同时应逐级上报到应急预案指挥部。

(2)如属两人以上事故应视其伤害程度首先对重伤员采取抢救,以免错过挽救时机。

(3)根据伤员所伤部位采取正确救护手段,骨折伤员尽量避免挪动;颅骨造成伤害人员特别注意脑震荡;脊椎受伤人员要静卧,防止造成脊椎损伤导致瘫痪。

(4)严格注意因内伤出血后造成死亡事故。

(5)现场应急小组的物资供应人员应及时把施救药品器械供应到位,以便使救护工作顺利进行。

(6)对事故现场要注意保护,并留有痕迹,为调查处理提供可靠依据。

(7)配合上级主管部门和调查组开展调查处理,并做好伤员及家属的善后工作。

6. 火灾事故应急救援措施

(1)发现火灾事故后,要及时向项目领导报警,并说明发生火灾或火灾引起爆炸的地点、燃烧(爆炸)物质的种类和数量、火势情况,报警人姓名、电话等详细情况。

(2)项目领导小组接到电话报警后,立即通知义务消防队员赶赴火场,拨打“119、120”报警电话报警,通报以下信息:名称、地址、火灾情况、着火物资及火势大小、联系电话。并指派专人到路口引导消防队,同时通知有关部门立即切断危险火源,通知当地附近医院派医生一起赶赴火场,并做好准备抢救受伤人员工作。消防

队员接报后立即戴好安全帽及其他防护用具、消防器材等赶赴火场。

(3)火灾较大时立即启动应急响应指挥部，指定灭火总指挥，下设灭火作战组、抢险疏散组、安全保卫组、后勤保障组。

①灭火作战组负责扑灭火灾。

②抢救疏散负责抢救被困人员及贵重物资，在人员集中的场所，要有计划、有组织地疏散人员，抢救救灾按照“先人员后物资，先重点后一般”的原则进行，抢救人员要戴齐防护用具，注意自身安全，防止发生意外事故。

③安全保卫组负责火灾现场及周围的安全保卫，对危险区域的警戒，对现场抢救救出的人、材、物进行管理和疏散，预防破坏、哄抢、盗窃等事件的发生，扑救过程中扑救工作结束后对火灾现场加以保护。

④后勤保障组负责火场器材装备、供水排水、供电照明、运输工具、食品衣服等灭火工作所需的各种物资供应保障工作。

(4)当爆炸物品着火或火场有爆炸物品时，要及时疏散并冷却爆炸物品，疏散时防止对爆炸物品进行摔、抛、拖。对于爆炸物品的燃烧，可用水扑救，但应注意避免强大水流的冲击。

(5)火场存在有毒气体时，要迅速查明火场毒气的类别、性质、扩散范围、来源和数量，以此为依据检查能否在佩戴防毒用具的情况下，安全地进入火场进行各种扑救工作。

(6)火灾扑灭后由消防领导小组和安全员共同组织对火灾原因进行调查并提出处理意见。

7. 机械、触电事故安全应急救援措施

(1)报警及接警处置

最先发现机、电安全事故的人员，立即向项目经理或安全员报警(电话或口头)并采取相应的措施。当接到机、电事故报警后，应急响应小组立即迅速展开工作，并将情况立即报告上级。

(2)应急疏散

疏散引导小组应将事故现场及周围的人员按秩序引导疏散到安全地带。

(3)安全防护救护

对于触电事故，现场施工人员要迅速拉闸断电，也可用现场得到的干木棍或绳子等非导电体使触电人员脱离带电体，将伤员撤离危险地带，组织人员进行抢救，若发现触电者呼吸或呼吸均停止，则将伤员仰卧在平地上立即进行人工呼吸同时进行体外心脏按压。

机械伤人事故发生后，应立即停止机械运转，采取现场包扎止血措施，防止受伤人员流血过多造成死亡事故的发生。对呼吸、心跳停止的伤员进行现场心脏负苏抢救。

安全防护救护小组应拨打120电话请求急救，对事故现场设置警戒线，保护事故现场。

8. 起重设备安全事故应急救援措施

(1)报警及接警处置

首先发生安全事故后，立即向项目经理或安全主管报警(电话或口头)并采取相应的措施。当接到安全事故报警后，应急响应小组立即迅速展开工作，并将情况立即报告上级。

(2)应急疏散

疏散引导小组应将事故现场及周围的人员按秩序引导疏散到安全地带。

(3)安全防护救护

对于汽车式起重机等起重设备安全事故，现场施工人员要迅速拉闸断电，也可用现场得到的干木棍或绳子等非导电体使触电人员脱离带电体，将伤员撤离危险地带，组织人员进行抢救。若发现触电者呼吸或心跳均停止，则将伤员仰卧在平地上立即进行人工呼吸同时进行体外心脏按压。

汽车式起重机等起重设备安全事故发生后，应立即停止机械运转，采取现场包扎止血措施，防止受伤人员流血过多造成死亡事故的发生。对呼吸、心跳停止的伤员进行现场心脏复苏抢救。

安全防护救护小组应拨打120电话请求急救，对事故现场设置警戒线，保护事故现场。

(4)通信联络

通信联络小组应保障指挥中心与事故现场的通信畅通，负责各种信息的传递。

9. 食物中毒事故安全应急救援措施

(1)确定发生食物中毒后，应立即报告应急响应指挥小组。

(2)当食物中毒事故发生后，立即请当地有医疗资格的卫生员进行就地抢救，并及时与120急救中心联系请求派员抢救，并详细说明事故发生地点、事情情况，并派人到指定路口接应。

(3)在向有关部门求救的同时，对中毒人员采取可行的应急措施，如对呼吸、心脏停止跳动的人员进行现场心脏复苏抢救。

(4)若事故严重，要立即上报公司及有关部门，并立即启动项目经理部应急预案，实施抢救。

7.5.5　其他注意事项

(1)发现事故有明显的征兆，立即组织现场人员全部撤离。

(2)事故发生后要立即组织对伤员进行抢救，视情况拨打“120”急救中心联系。

(3)涌水或突泥安全事故发生后如果身体受机械挤压时切不可硬拉伤员，应采取可靠措施进行营救。

(4)注意保护事故现场，以便调查分析事故原因。

(5)突发事件发生后，及时组织或配合有关部门和单位进行对事故的调查和善后处置工作，积极做好恢复生产经营工作，维护社会安定。

(6)根据国家有关规定，组织或配合相关部门对突发事件进行调查并及时结案。

(7)项目负责人要落实值班人员，防止意外事故再次发生。

7.5.6　善后处置工作

(1)突发事件发生后，及时组织或配合有关部门和单位进行对事故的调查和善后处置工作，积极做好恢复生产经营工作，维护社会安定。

(2)根据国家有关规定，组织或配合相关部门对突发事件进行调查并及时结案。

(3)项目经理部要落实值班人员、防止意外事故再次发生。

7.5.7　后续处理

(1)现场急救工作完成后，对现场进行隔离，在进行清理工作的同时，加强对现场的保护，现场要有人值班看守，防止闲杂人员入内。

(2)项目经理按调查程序安排相关部门配合、协调调查；在征得事故调查小组的同意后，召集各部门研究、讨论制定恢复生产方案。

(3)安排对受伤人员进行治疗，把人员伤亡减少到最低程度。

(4)工程管理部门研究制定防止事故再次发生的可行性具体措施，并对措施的可靠性进行评估。

# 第8章 文明施工、环境保护与职业健康管理措施

## 8.1 文明施工

### 8.1.1 文明施工目标

达到“两型,五化”的标准,争创山东省、青岛市文明工地。

### 8.1.2 文明施工方案

施工现场整齐清洁,施工过程坚持工完场清。按照业主及主管部门的指示要求,认真听取驻地监理工程师的意见,搞好安全生产和文明施工。

(1)在队伍进场前,先派人对青岛及转周边民众的生活、生产习惯、禁忌、宗教信仰等“社情”进行调查,并对职工进行宣传、教育。确保做到全体施工人员尊重当地民风民俗。在施工过程中协调好与当地居民、当地政府的关系。

(2)驻地生产区及生活区分片规划、布局合理,井然有序,符合消防环保和卫生要求。做到场地平整、排水畅通。各种设施安装符合安全规定,并定期进行检查。各种福利设施、活动场所设置齐全,并有专人管理,为参战员工提供良好的娱乐和休息环境。

(3)现场实行安全、保卫制度,进入施工现场的人员一律要戴安全帽。管理人员与作业人员分颜色区别,建立来访制度,经常对工人进行法律和文明教育。

(4)施工所用机械设备、材料存放避免侵入公路路面限界,且不影响交通。如需占用公路路面,事先与交通管理部门取得联系,征得同意、办好有关手续后再占用,占用路面地点前后按规定设置警示牌及夜间警示灯。封闭道路施工作业在规定时间内完成,施工完毕对作业项目及道路进行检查,符合要求后通知交通管理部门开放交通。

(5)施工机动车辆始终处于完好状态,在国道或地方道路上行驶,遵守地方政府及交警部门的管理规定,遵守公安部《交通管理条例》,自觉维护交通秩序,文明驾驶,礼让三先,保证运输畅通。

(6)进场材料、成品、半成品以及构件等分门别类，堆放整齐，挂设标牌，标识材料规格、产地等，不同材料避免混放。各级负责人及施工人员一律挂胸卡上岗。

(7)机械设备指定专人保养，保持运行正常，机容整洁。

(8)保持工作面宽敞、有序、整洁，提供良好的工作环境。及时调整现场设备、机具和材料的位置，保证摆放整齐，施工现场垃圾杂物集中堆放，及时处理。

(9)施工现场坚持工完料清，垃圾杂物集中堆放，及时清运。弃渣不得随意弃置，必须运至规定的弃渣场，运土汽车上覆盖毡布，不得落石掉渣，污染道路，外运和内运土方时不准超高，施工场地外撒落的土派人及时清扫干净，以避免尘土飞扬。

(10)大型机械施工、空压机、洞口爆破等噪声较大的施工，严格控制噪声，对于特殊设备采取降噪消音措施，限定作业时间，保证居民有良好的休息环境。

(11)施工现场给排水要统一规划，做到给水不漏，排水顺畅。施工污水经明沟引流、集水池沉淀滤清后，间接排入下水道。同时落实“防台”“防汛”和“雨季防涝”措施，配备“三防器材”和值班人员做好“三防”工作。

(12)施工用电要有用电规划设计，明确电源、配电箱及线路位置，制定安全用电技术措施和电器防火措施，不准随意架设线路。

(13)制定生活和环境卫生管理制度，搞好职工宿舍卫生和食堂的饮食卫生，生活区专人打扫卫生，水沟定时清扫，区内设置垃圾箱。

(14)食堂申办卫生许可证，生、熟食分开操作，熟食设防蝇罩，炊事员持有效的健康证明上岗。

(15)对地区性的病疫和卫生防疫状况进行调查了解，与地区防疫站、地区医院保持联系及早采取预防措施。

(16)工地设置自冲洗厕所，派专门的人员清理打扫，并定期喷药消毒，以防蚊蝇滋生、病毒传播，按季灭鼠灭蟑。

(17)工程竣工后，一周内拆除工地的所有安全防护设施和其他临时设施，清理现场恢复原有植被。

#### 8.1.3　文明施工保证措施

严格遵守国家、青岛市有关文明施工的规定，认真贯彻业主有关文明施工的各项要求，认真贯彻落实国家及市政府对建筑工程施工现场的管理办法和标准。

(1)加强管理，建立严格有效的管理制度

建立以项目经理为组长的文明施工领导小组，加强文明施工管理。建立、健全以分管领导和文明施工员具体指导、项目经理现场负责，各施工队、班、组具体落实的管理体系，增强管理力量。文明施工管理组织机构框如图 8.1-1 所示。

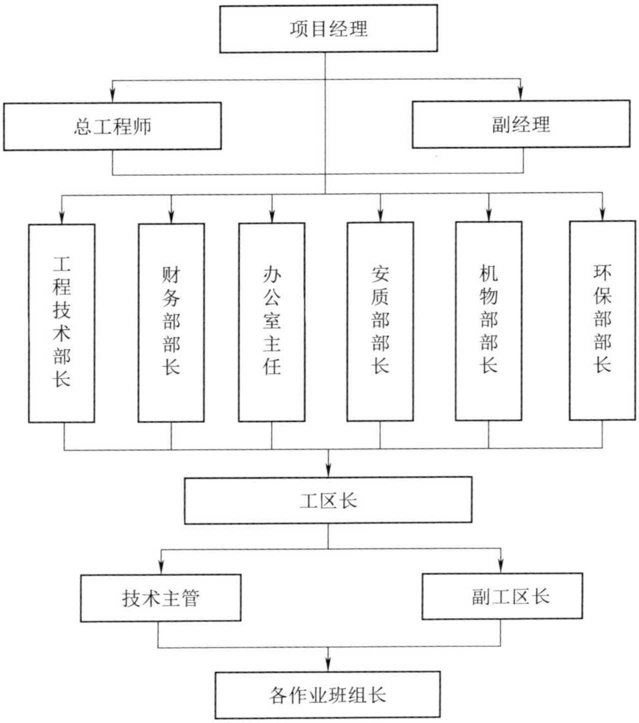


图 8.1-1 文明施工管理组织机构框图

落实文明施工现场责任区，制定相关规章制度，确保文明施工现场管理有章可循、有据可查，项目经理对文明施工现场实行定期和不定期检查，每月组织一次专项检查，对照评分，严格奖惩，交流经验，查纠不足。

(2)加强宣传教育，统一思想

加强思想政治工作，大力开展文明施工宣传活动，统一思想，使全体员工认识到文明施工是企业形象、队伍素质的反映，是安全生产的保证，是工程优良快速施工的前提，增强全员文明施工意识。

对施工人员进行文明施工教育，建立健全岗位责任制，签订文明施工责任书，把文明施工责任落到实处，提高全体施工人员文明施工的自觉性，增强文明施工意识，树立企业文明施工形象。

(3)明确目标，共同监督

通过建立体制，健全制度，加强宣传，使得文明施工的思想和目标深入人心，达到行与生活落到实处。

设置工点标牌，标明工程项目名称、范围、开竣工时间、施工负责人、技术负责人。实施工点挂牌施工。设置监督、举报电话和信箱，接受监督。

## 8.2　环境保护

### 8.2.1　施工环境现状及环保、水保主要特点

青岛作为国内著名的海滨旅游城市，风景优美，地域特色明显。青岛地铁作为山东省重点交通建设项目，影响深远。地铁的建设与自然环境与人文景观要协调统一。为满足设计和招标文件的要求，最大限度的保护生态，保护当地水资源和现有植被，最大限度地减少对当地环境的破坏，特制定如下目标和措施。

### 8.2.2　环保、水保总体目标

施工前对施工区域的环境情况进行调查，根据国家、地方政府有关环保法律法规、规定，结合建设单位有关环保、水保管理办法，制定环境保护、水土保持的具体安排及相应措施，确保环境保护目标。作好环境保护、水土保持工作，按照ISO14001环境管理体系标准要求成立以项目经理为组长，项目副经理、总工程师为副组长，有关部门负责人参加的环境保护、水土保持体系，加强施工管理，降低资源消耗；加强施工防护，降低施工污染，绿色施工，施工中取弃土、排污、减震等按设计文件和甲方与当地环保部门签订有关协议和要求进行处理，废弃的临时工程、施工建筑垃圾、废水、泥浆的处理符合环境保护规定，避免对环境污染和破坏，确保施工符合国家现行环境保护和水土保持法规、条例的要求。

### 8.2.3　环保、水保总体方案

青岛市地铁工程开工后，项目部将遵守国家有关环境保护的法律、法规和规章，并按本合同的有关规定，做好施工区的环保、水保工作，防止施工造成的环境污染和破坏。

确立环境保护、水土保持"三同时"制度，即环境保护、水土保持设施与主体工程同时设计、同时施工、同时投产的制度。施工时根据环保设施设计及施工方案，做好设计环保设施及临时工程的环保设施，保护好施工现场及驻地周围环境。

建立健全环境保护管理机构，成立领导小组专人负责环境计划的落实。对环保、水保工作将做到全面规划，综合治理。会同监理工程师及时与当地环保、水保机构取得联系，遵守有关控制环境污染的法规，施工现场设置足够的临时卫生设施，做好施工现场的卫生管理工作，生活垃圾堆放在指定地点，按规定及时清理或处理。

建立"教、学、用"体制，施工前对全体员工进行环境保护法规教育和学习。利用图片、板报、音像资料等向职工宣传环境保护，树立起自觉环保的意识。鼓励、奖励工程中对环保措施认真负责、有创新建议的人员。

针对本工程施工特点，施工对环境影响的主要因素，施工中将采取有效的措施防止燃料、油、沥青、化学物质、污水、粉尘、有害气体、噪声、废料、垃圾以及弃方等有害物质造成的环境污染，合理布置施工场地，不损坏用地范围外的耕地、树木、果林、水渠及其他设施，保护自然环境。在工程完工后的规定期限内，拆除全部临时房屋和施工临时设施，清除施工区和生活区及其附近的施工废弃物，按业主批准的环境保护措施计划完成环境恢复。

8.2.4　组织措施

(1)成立环保、水保领导小组，制定环保措施，项目经理部、工区分级管理，并配专(兼)职环保管理人员，负责检查、监督各项环保工作的落实。明确各级、各部门在环境保护工作中的职责分工，专门负责检查、督促各项环保工作。环保、水保组织机构如图8.2-1所示，环境保护责任保证体系如图8.2-2所示。

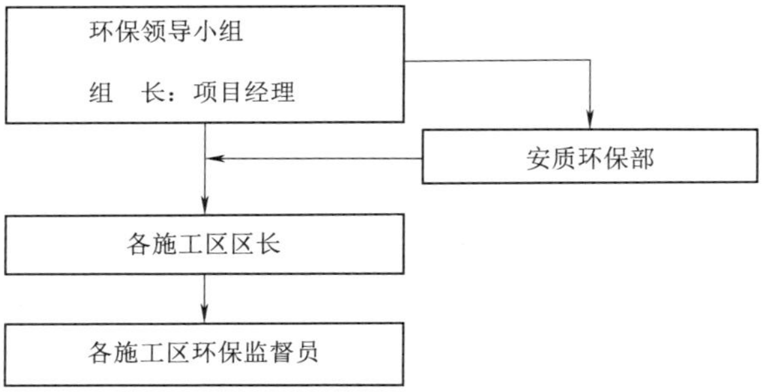


图8.2-1　环保、水保组织机构

(2)建立、健全施工过程中环境管理体系和各项环境管理规章制度。

(3)加强施工人员环保知识教育，积极主动地参与环保工作，自觉遵守环保的各项规章制度。保护施工区和生活区的环境卫生，定期清除垃圾，集运至当地环保部门指定的地点掩埋或焚烧处理。在施工区和生活区设置足够的临时卫生设施，定期清扫处理。

8.2.5　环境保护体系

根据本工程施工对环境的特殊要求，项目经理部成立以项目经理为组长，项目副经理和总工程师为副组长的环保领导小组，组员由各部、室及施工区主要负责人担任，各工区也成立以区长为组长的环保领导小组，负责本工程施工中的施工环保及生态环保工作。

根据《环境管理系列标准》建立项目环境监控体系，不断反馈监控信息，采取整改措施。从思想、组织、检查、技术措施和方案等方面建立完整的环境保护体系。

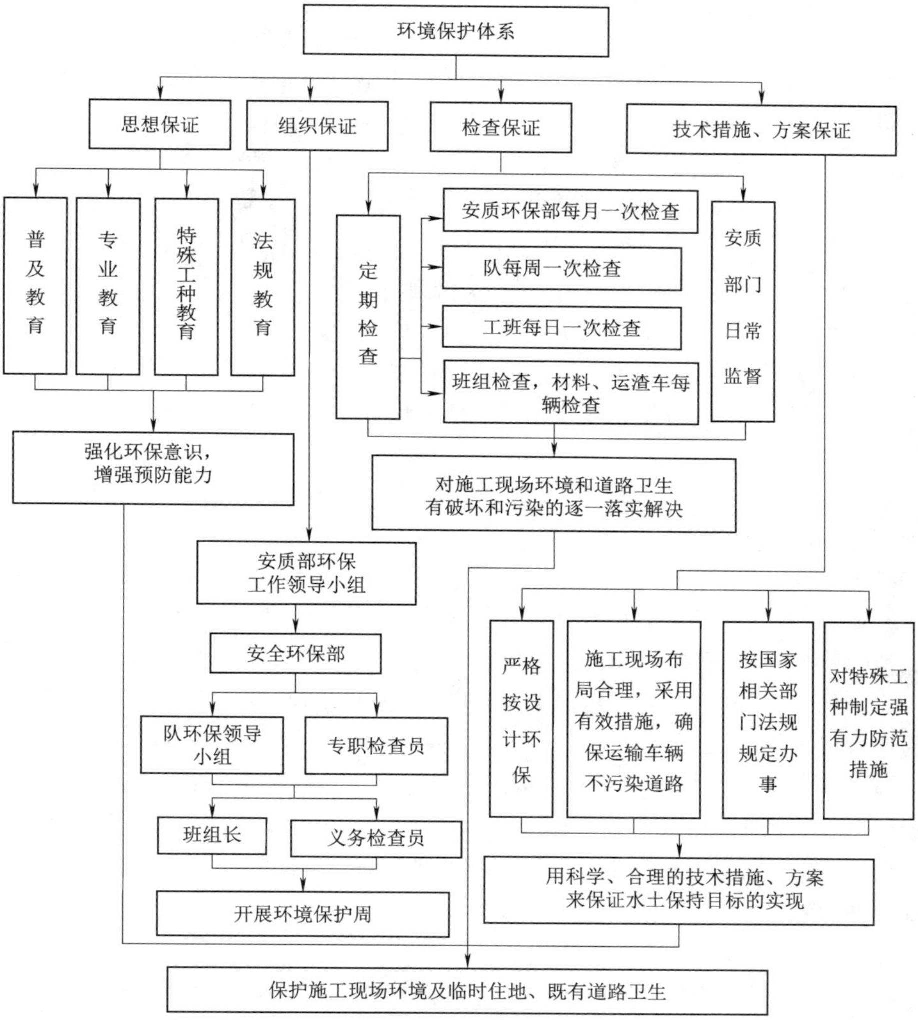


图 8.2-2　环境保护责任保证体系图

8.2.6　环境保护的保证措施

青岛市地铁工程环保水保工作，在本工程实施过程中，除了工程设计文件要求的环保水保措施外，项目将严格遵守招标文件关于环境保护的各项措施。施工中，对出现的环境污染事故，按规定逐级上报，并及时组织人力、物力进行污染治理，将污染造成的影响减少到最低程度。

1. 减少对陆域生态破坏的措施

施工线路较长，土石方产生量较多，我们将避免任意取土、弃土和扩大施工用地范围，如果确实需要改变工程沿线附近区域的植被与绿化，报请有关部门的批准后再进行施工。临时施工场地的选择与布置，尽量少占用绿地面积，保护好周围环境，减少对陆域植被生态的破坏。施工结束后，及时恢复绿化，特别重视临时施工用地的复垦。工程取土、挖方符合青岛市《青岛市沙、石、土资源管理规定》，减少对生态环境和矿产资源的破坏。清渣时严格落实水土保持措施，防止遍地开花式的无序作业，进行有序弃置，减少对陆域生态的破坏。

本工程的建筑垃圾、工程渣土的处理符合青岛市人民政府公布的《青岛市建筑废土管理办法》的要求。开工前向城市市容环境卫生行政主管部门申报建筑垃圾、工程渣土排放处置计划，填报建筑垃圾、工程渣土的种类、数量、运输工具、运输路线及消纳处置场地。

根据城市市容环境卫生行政主管部门的要求，签订市容环境卫生责任书，接受管理和监督。

本工程弃渣处理按业主指定地点堆放，维护弃渣点的环保工作。隧道弃渣的临时用地、用地四周根据地势和周围环境情况，做好防尘和水土保持工作。施工期各工地及时收集建筑垃圾。对施工产生的废物料，尽量进行回收利用和处理，属不会产生明显污染的建筑固废，可作为填充材料，充垫场地、便道等；不能回收的一般废物送垃圾场统一处置。

施工生活区内产生的生活垃圾及时分类收集，回收利用或送垃圾场处理。工程竣工后及时清理杂物，并平整施工场地。山坡弃土尽量避免破坏或掩埋场地旁边的林木、农田及其他工程设施。弃土避免堵塞河道、改变水流方向和抬高水位而淹没或冲毁农田、房屋。

2. 减少水土流失的措施

(1)在施工过程中，根据工程可能引起水土流失的情况，划分水土流失防治分区，制定相应的水土保持措施方案，合理安排工序，及时清运开采的土石方。对已完坡面工程及时植草绿化，增加植被覆盖率，减少土壤被雨水冲刷。

(2)施工时及时掌握雨情，做好隧道口大雨之前的防护措施，避免易受侵蚀裸露面受到雨水的直接冲刷。

(3)工程开挖土石方量较大，弃土、弃渣场地事先构筑拦渣工程，并注意布置截、排水设施；可考虑利用低洼地进行弃土、弃渣，改造为今后城市建设用地。对施工临时用地，施工结束后及时进行土地整治，结合城市化建设进程。

3. 施工期减轻环境污染的措施

减少施工过程泥砂直接排入市政污水管网的措施：暗挖隧道施工抽排水经沉淀池进行沉淀处理，防止高浊度的污水漫流或直接流入市政污水管道。就近临时征用水塘或利用低洼地开挖作为沉淀池，单个容量 1 000 $m^3$ 左右，沉淀池分级设计；开挖的土石方尽量综合利用，并注意水土保持，减少施工泥砂入海；工程施工时混凝土拌和，采取防雨水冲刷措施，以防止雨季施工或台风暴雨时大量混凝土、水泥浆水进入市政污水管道而污染环境。

4. 减少施工期对周围建构筑物的影响措施

(1)采用先进的施工方法，采用光面爆破或预裂爆破技术，减小爆破振动对外环境的影响。考虑隧道施工安全和保护区的需要，在暗挖隧道开挖时，爆破方案要经充分的科学论证，并进行爆破振动监测，以及时反馈信息，调整爆破参数，进一步减轻爆破振动效应，从而在确保隧道施工安全的同时，减小对周围建构筑物的影响。

(2)工程施工期间，重视施工人员生活污水的处理问题。结合施工场地选择、市政污水规划和城市化进程情况，在混凝土、砂浆等搅拌作业的现场设置沉淀池；清洗机械和运输车的废水经过沉淀后，方可排入污水管线或回收用于洒水降尘以减少对环境的影响。

(3)施工营地包括工程办公、生活区、生产用地等均配备临时生活污水处理设施，对生活污水进行处理后方可排放，避免直接进入市政污水管道。

(4)如果在施工期间市政污水管网已形成，生活区污水经化粪池处理后，及时纳入市政污水管网。

5. 施工期大气污染防治措施

根据现场实际情况，采取洒水防尘、夯实或硬化施工便道等办法，控制施工现场及道路扬尘；料场内一般积尘较多，料场尽量设在距居民区 100 m 以外，进入料场的道路也经常洒水，以减少粉尘污染。

运输时抑制扬尘的产生。弃渣运至弃渣场，严禁随意抛撒。施工垃圾及时清运，适量洒水，减少扬尘，控制搅拌混凝土扬尘，混凝土工厂安排在大气敏感目标常年主导风的下风向，既避免混凝土搅拌扬尘污染，又可减少搅拌机械噪声的影响。

在施工区域内做好既有道路养护工作，合理堆放物料、搭设建筑物。对现场临时道路经常洒水并栽树种草进行边坡绿化，防止尘土飞扬，污染空气。车辆进行土石方和水泥建材、弃土运输时，设置挡板，注意加盖篱席，适量装载，避免撒落及因风起尘。

严禁在施工现场焚烧废弃物和会产生有害有毒气体、烟尘、臭气的物品。施工中若产生有害气体，则采取有效的措施，及时治理，尽量减少有害气体排放对大气的污染，施工现场附近的居民敏感区内，取消喷漆作业，避免散发有害气体，危害作业区周围人群健康。

6. 施工期噪声污染防治措施

(1)优先考虑低噪声产品，设备底座设置防振基础。选择低噪声设备；对固定式高噪声设备，在选型时严格比较噪声大小。采取措施或改进施工方法，使施工噪声、振动达到施工场界环境标准。

(2)改革施工工艺和设备，用液压设备或以摩擦压力代替机械振动。合理布置各种施工工作区和生活工作区，利用距离、隔墙使噪声大幅度自然衰减。出入现场的机械、车辆做到不鸣笛，不急刹车；加强设备维修，定时保养润滑；并对与施工无关的人员和车辆加以控制，以避免或减少噪声。

(3)施工过程中，各种施工机械作业、施工运输车辆是主要噪声源。根据国家和地方有关环保法规，严格控制施工期噪声排放量，施工场界噪声执行《建筑施工场界噪声限值》(GB 12523—90)，并遵照《青岛市环境噪声管制办法》执行。对施工噪声敏感区段的施工作业采取时间控制措施。对居民敏感区，夜间时段(22:00～06:00)和午间(12:00～14:00)，限制高噪声机械设备的使用，减少对居民正常生活的影响。高考、中考期间按照市政府和环保局的要求，做好施工噪声控制。主要施工场地边界构筑围墙，以隔声减噪，减小施工机械作业对外界的噪声污染；相对固定的施工机械，如风机、电机等，力求选择有声屏障的地方安置，尽量远离声敏感目标。

(4)施工现场严格遵照《中华人民共和国建筑施工场界噪声限值》制定降噪的制度和措施。使工人每个工作日实际接触噪声的时间符合国家卫生部和劳动总局颁发的允许工人日接触噪声时间标准的规定。

(5)施工场界内合理安排施工机械，根据场地的布置情况实测或估算场界噪声，如果超标可采取加防振垫、包覆和隔声罩等有效措施减轻噪声污染。在居民生活区的施工，合理安排作业时间，噪声大的作业尽量安排在白天，注意避开午休、夜间施工，减少扰民。必须昼夜连续作业的施工现场，采取降噪措施，做好周围群众工作，并报有关环保单位备案。

(6)合理规划施工便道和载重车辆走行时间，尽量远离居住区，减小运输噪声对居民的影响。隧道洞内开挖爆破严格控制药量，合理进行钻爆设计，对附近地表居民驻地区进行爆破测振，同时在隧道洞口前方安装声屏障进行隔声处理，减小爆声的传播。

(7)选择性能优良、噪声小的施工机械，对本工程使用机械设备进行详细的建筑噪声影响评估。对各种车辆和机械进行强制性定期保养维护，以减少因机械故障产生的附加噪声与振动。

8.2.7　水土保持措施

1. 建立完整的水土保持体系

项目经理部内由环保部设专人负责水土保持工作，施工前与当地水保部门签定水土保持施工协议，按有关要求施工。与当地有关部门经常联系，针对工程特点，对下属施工单位提出施工过程中水土保持要求，定期检查、监督各工点的各项水土保持工作的落实。

2. 水土保持技术组织措施

遵照《中华人民共和国水土保持法》《中华人民共和国水土保持法实施条例》及地方政府有关法律、条例的要求严格组织施工管理。施工前做到全员教育，全面规划，合理布局。建立健全水土保持体系，坚持“预防为主，综合防治，全面规划”原则，抓住本工程水土保持工作重点，有针对性地采取措施，确保水源、植被不被污染和破坏。隧道弃渣按照设计要求与当地水保部门共同协商确定弃放位置，做好渣场挡护和绿化。

砂石料加工场、混凝土拌和场、钢筋加工场、施工队伍驻地等临时用地事先将表层耕植土集中堆放，完工清场后复耕或绿化，同时修好排水系统，防止水土流失。保证在任何河渠水道排污系统中不产生淤积。施工过程中严禁将含有污染的物质或可见悬浮物的水排入大海。按照设计要求认真做好环保和绿化工作。永久用地范围内暴露地表用植被覆盖，临时用地要进行复耕，裸露部分要植草或种树。施工过程中，对管内的防护林树木、渔场、果林注意保护。合理选择取土点，注意挖填平衡，进行平整、支挡防护及绿化。

3. 积极响应招标文件，认真实施水土保持措施

(1)规范施工

工程建设中合理安排施工时间，尽量避开雨季和汛期；弃土、弃渣的堆放，要先建设拦挡墙(坝)及排水设施，后堆放弃渣，布置植物措施。

(2)弃渣场水土保持措施

本项目工程有大量的废弃土石方，弃渣按照青岛市的规定和业主要求弃置。

(3)施工区水土保持措施

施工区包括施工场地和施工生活区。本项目的施工场地和施工生活区分布于主体工程沿线各段，施工场地主要包括生产用地、拌和站及临时预制场等地。施工生活区则主要包括职工宿舍、办公用房、食堂及卫生间等生活设施所占区域。施工区在施工过程中及施工结束后都要采取相应水土保持措施，以达到防治水土流失，

美化环境的目的。每个施工场地周边开挖排水沟,梯形断面 30 cm×50 cm,内坡比 1∶1,沟壁夯实。在排水沟出口处设沉沙池,沉沙池设计为 4 m×3 m×1.2 m,内坡比 1∶1,水流经沉沙池沉淀后排向附近的自然沟道。本项目施工区均为临时占地,工程施工时临时征用,使用结束后,去除硬化层,清除厚度为平均 30 cm,然后将先期剥离的表土均匀的覆于场地表面。

(4)施工便道水土保持措施

本项目施工便道分布于公路主线各段,用于连接各渣场和施工场地,根据各条道路的不同情况布置相应的工程措施和植物措施,达到控制水土流失,保护道路、改善环境条件和安全运输的目的。工程措施主要包括排水沟及沉沙池修筑。在施工便道两侧开挖排水沟,以降低地下水位,断面采用 30 cm×50 cm 的梯形断面,边坡比 1∶1,采用浆砌片石衬砌,衬砌厚 30 cm,根据实际地形在低洼处设沉沙池,沉沙池设计为 3 m×1.5 m×1.5 m 的长方体,侧墙为梯形断面,顶宽 30 cm,底宽 50 cm,浆砌片石衬砌,衬砌厚 50 cm。水流经沉沙池沉淀后排向自然沟道。根据水土保持方案总体布局,在施工便道路基防护工程和排水工程的基础上,在公路两侧栽植公路防护林,林分结构为单行乔木,边坡采取植草护坡。

(5)植被措施

除以上说明的工程措施外,还必须在本工程水土保持区域范围内采取必要的植物措施,根据“因地制宜,适地适树”的原则,在主体工程区和边坡、便道等水土保持区域种植适合青岛本土的树种和草皮,以便更好地控制水土流失。

## 8.3 职业健康

### 8.3.1 职业健康管理组织机构

针对工程特点,在施工现场建立完善的保证施工人员身体健康的职业健康管理机构,健全职业健康保证体系。项目经理部成立项目经理任组长、项目副经理和总工程师任副组长、各部室负责人与工区长为组员的职业健康领导小组,负责职业健康管理和措施的制定、实施、监督、检查。

针对本标段工程情况,认真贯彻国家有关职业健康和劳动卫生保护方面的法律、法规,建立、健全劳动安全卫生制度,监督检查劳动卫生安全设施,制定劳动卫生措施计划,针对不同的作业场所,根据国家规定发放个体防护用品。定期、不定期地召开劳动卫生保障会议,研究项目劳动卫生保障工作,对施工生产存在的事故隐患和职业危害及时提出合理解决方案,维护职工安全健康权益,充分体现施工生产“以人为本”的原则。职业健康管理组织机构框如图 8.3-1 所示。

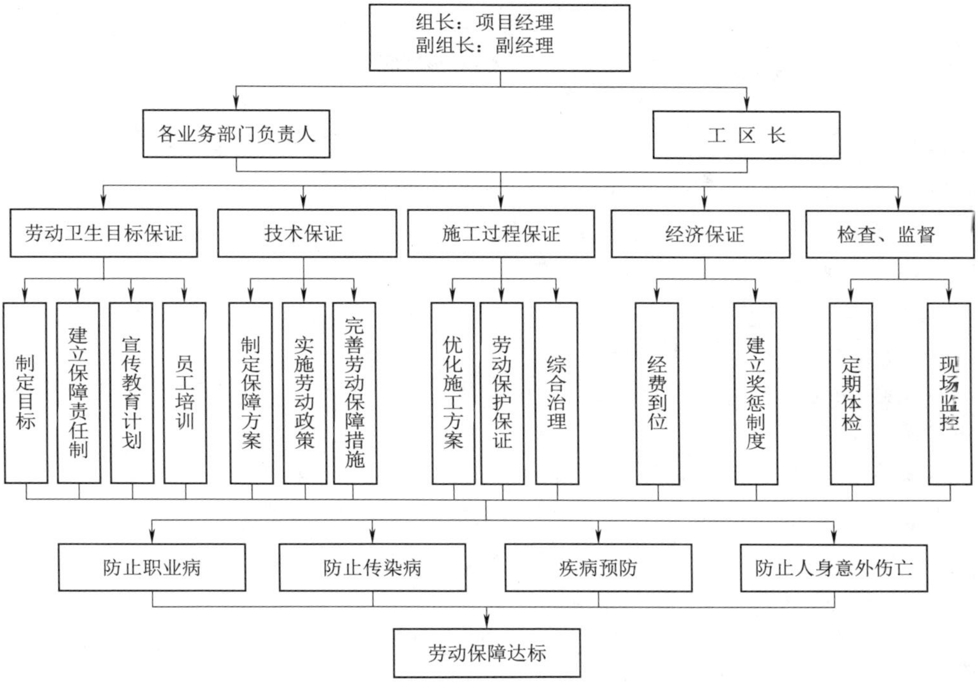


图8.3-1　职业健康管理组织机构框图

8.3.2　职业健康保障措施

调派足够具有丰富临床经验的医护人员在项目经理部组建工地卫生所，配备足够的医疗器械及设备，负责经理部所有人员的医疗保健工作。

1. 劳动卫生保障管理目标

严格遵守《劳动法》《食品卫生管理条例》《工会法》等国家及地方关于劳动卫生的法律和法规。

2. 劳动卫生保障管理制度

钻工、喷混凝土工等从事职业危害作业的职工受到职业危害时，检查住院期间享受职业病待遇，卫生行政管理部门对职业病防治工作定期进行检查，改善劳动条件，预防职业病的发生，保护作业人员的健康与安全。

健康检查的项目、内容、诊断依据按照不同工种和国家颁布的有关规定和标准执行。健康检查和周期，按照国家规定的职业作业危害人员健康检查间隔时间进行。

配齐劳动卫生防护用品易产生粉尘的材料在装卸、搬运前先洒水湿润，在碎石机、磨砂机等易产生粉尘的机械设备出入口安装吸气罩吸尘以免灰尘在大气中飘荡。

隧道凿岩作业采用湿式凿岩，防止矽尘危害，作业人员按规定佩戴防尘罩、安全帽等劳保用品。加工车间噪声不超过最高分贝数，设置饮水和洗手设备；易燃易爆和有毒有害等危险作业场所设置相应的防护设施、报警装置、通信装置、安全标志以及在紧急情况下进行抢救和安全疏散的设备；易燃易爆物资仓库符合防爆要求；有害作业场所设立明显的警示标志，禁止违规作业；实行有害作业场所定期监督监测，及时发现施工生产中存在的影响施工人员健康的问题，提出改正意见，及时改善劳动条件。

通过技术革新，改进生产设备、作业方法或变更生产工艺，消除或减少扬尘，同时对职工进行宣传教育，使之养成搞好防尘工作的自觉性。

采购的食品符合国家有关卫生标准和规定，运输及贮存食品的工具场所设备保持清洁，库房通风良好。

(1)加强生活区卫生管理：生活驻地及工地设置能冲洗的厕所，派专人负责清理打扫，并定期喷药消毒，以防蚊蝇滋生，病毒传播。

(2)加强食堂卫生：食堂符合卫生要求，申办卫生许可证，生、熟食分开操作，熟食设防蝇罩，内外环境整洁，有防蛀、防鼠、防蟑螂和其他有害昆虫的措施。有相应的消毒、更衣、采光、洗涤、污水排放、存放垃圾和废弃物的设施。

炊事员定期体检，持有有效的健康合格证。经常保持个人卫生，加工过程中设备布局和工艺流程合理。使用的工具、用具等做到分开使用，定位存放，用后洗净，保持清洁。

(3)加强医疗卫生保障：项目经理部工地卫生所坚持“三级预防”和“防治结合”的原则，按照国家相关规定，及时进行监测、培训、教育、方案处理，促进作业场所劳动条件的改善。实现企业环境与职业的安全生产，文明施工，持续改进。

(4)加强野外劳动卫生防护：在职业病防治管理部门的技术指导下，负责工地一线中毒、窒息的预防工作。建立健全各种施工生产毒物作业操作规程，杜绝违章作业，在保证产品质量的前提下，依靠技术进步、逐步实现无害化，全程序安全施工。用无毒工艺材料代替有毒工艺材料。

采用分段管理机制，定期检测作业环境。进行环境统计、评估作业条件水平，评估防毒设备技术效果等，实现合理预防安全施工。

经理部工地卫生所建立急救处理方案并根据情况变化及时修订预案。

作业场所备有必要的急救处理设施和药品，有应急个人防护用品。备有防火、防爆设施。发生事故时，启动应急预案，赴现场进行急救和事故处理调查。

# 第9章 社会经济效益分析

青岛市地铁8号线是山东省新旧动能转换首批优选项目，设计时速达120 km，起自胶州北站，终至五四广场站，途径市南区、市北区、李沧区、城阳区、胶州市，串联起青岛主城区、红岛经济区和胶州市，与多种交通方式有效衔接，是连接胶州北站、胶东国际机场、济青高铁红岛站和青岛北站的重要纽带工程，有力支撑立体化现代化城市交通系统构建，助力交通强国建设。

青岛胶东国际机场位于青岛市胶州市胶东街道办事处北、大沽河以西、东外环以东、胶济铁路和胶济客运专线之间，距胶州市中心约17.1 km，距青岛市中心约40 km，是4F级民用枢纽国际机场，是我国十二大干线机场之一。按照“依托新机场，统筹陆海空，建设航空城，发展大青岛”的理念，同步规划了临空经济区，其中核心区221 $km^2$，拓展区240 $km^2$，将重点发展航空基础产业、高科技制造业、高端服务业、通航相关产业等。青岛正在使用的是青岛流亭国际机场。胶东机场建成后，青岛将实现从流亭国际机场到胶东国际机场的一夜转场，转场时间为2020年下半年。

在2019年青岛市制定的《青岛市交通基础设施建设攻势作战方案(2019—2022年)》在第二条“面向世界的东北亚国际枢纽机场建设硬仗”中指出：在青岛地铁8号线通车前，开通铁路青岛北站至青岛胶东国际机场临时快线，开通青岛胶东国际机场邻近区域至机场常规公交线路6条。在第六条“引领城市发展的地铁建设硬仗”中指出“青岛地铁8号线2020年下半年实现北段(青岛北站至胶州北站)通车，2021年底前全线通车，实现中心城区与青岛胶东国际机场快速通勤。”

青岛地铁8号线观科区间位于青岛市红岛高新技术产业开发区，红岛高新技术产业开发区是市委、市政府为实施“三城联动”发展战略，在已先期启动开发的青岛高新技术产业开发区胶州湾北部园区的基础上，整合空间资源、保护胶州湾底生态岸线，统筹并带动区域协调发展设立的。红岛高新技术产业开发区范围包括青岛高新区、青岛出口加工区及城阳红岛街道、河套街道，占地面积约为160 $km^2$。将按照现代化国际性城市建设标准，布局文化、商务、科技、体育、医疗等市级公共服务中心，并本着分级配置、体系完善的原则，结合组团布局片区级、社区级公共设施，打造功能突出、内生活力、国际效应强的新城。

观科区间于 2017 年 3 月动工，土建部分于 2019 年 12 月竣工，整条线路实现洞通之后，要铺设轨道，实现轨通、电通、车通、试运营等过程，才能正式投入运营。因此快速、安全、高质量地完成观科区间工程具有重要的社会经济效益，具体体现在以下几个方面：

1. 节约乘客出行时间

对广大乘客来讲，轨道交通最突出的特点就是准时性和高效性，乘坐地铁使乘客的旅行时间大大缩短。地铁 8 号线连接的国际胶东机场、青岛北站每天客流量巨大，其早日通车运行对旅客节约出行时间就有明显的经济效益。

2. 减少交通事故，增加安全性

地铁系统具有专用的运行线路，其本身事故比地面交通事故要少得多。而且由于轨道交通对地面公交客运量的分流，缓解了地面道路交通的拥塞程度，从而间接减少了地面机动车辆发生交通事故的频率。这不但减少了交通事故损失，提高了乘客本身的安全性保障，而且为社会和家庭的幸福创造有利条件、增加整个社会的安定团结所形成的巨大社会效益。

3. 提高劳动生产率

由于在途时间短，乘车疲劳度下降，地铁交通舒适度可使乘客的劳动生产率提高。乘客选择地铁交通系统就意味着选择了舒适的交通工具。

4. 扩大就业

地铁 8 号线的建成通车，将对沿线制造、物流、服务等多个行业产生积极的促进和带动作用，进而将为社会剩余劳动力提供大量的就业渠道。

5. 房地产升值

青岛地铁 8 号线的建成通车，将会极大改善李沧、城阳、胶州等沿线区域的交通条件，提高了沿线居民和企业可达性，造成地铁沿线土地和房产的需求增加，从而使沿线的房地产增值，地税值也会相应提高。

6. 促进区域建设

地铁 8 号线连接胶州北站、胶东国际机场和青岛北站等重要枢纽，对国际机场“临空经济区”“红岛高新技术开发区”、胶州市的发展建设具有重要的促进作用。

7. 改善交通结构，减少能耗和对城市的污染

地铁系统的运行，能够改善城市交通结构，增加城市活力；提高居民生活质量，优化城市居住环境、美化城市景观等。

城市地铁系统与公交系统相比，具有无污染、噪声振动小、节能、运量大、方便

快捷、运输效率高等特点。无论是从环境保护、可持续发展的观点来讲，还是从节约燃油的能源政策来讲，地铁作为常规“绿色交通”都具有公共汽车难以比拟的节能特性。城市地铁系统的建成具有不受交通堵塞的优势，因而可以吸引原来的汽车用户转为乘坐地铁系统。随着汽车交通量的减少，可以降低氮氧化物、一氧化碳等大气污染，降低造成地球温室化的二氧化碳，从而为环境保护带来一系列的间接效益。

# 第10章 总　结

青岛地铁8号线观科区间土建工程由青岛第一市政工程有限公司承建，2017年3月开工，2019年12月完工。建设期间，青岛第一市政工程有限公司与山东科技大学联合成立项目科研团队，对项目技术方案和施工组织管理进行科研攻关。根据地质条件和工期要求，观科区间采用矿山法施工，包括渡线明挖斜井、1号斜井、区间风井、新增2号斜井、新增竖井、暗挖区间隧道设置六个永久横通道、四个临时横通道，分为五个工作区段，左右两线同时双向施工，最多达20个工作面同时施工。本工程线路较长、接口多，区间开挖出渣等工序采用斜井坡道倒运，风井垂直提升，不可预见的因素多，周边环境对施工标准的要求高，组织协调难度较大，如何快速、安全、高质量地完成各项工作，确保按照预定计划完成项目是本工程重点。课题组从系统工程的角度出发，依据组织论、项目管理理论，在暗挖区间多工作面施工过程中采用平行搭接组织方式，充分利用人力和机械设备资源，有效提高了劳动效率和工程进度。在施工方和科研团队及政府、业主、监理等多方共同努力下，项目于2017年3月～2018年6月底完成前期征地拆迁以及斜井、竖井、风井等施工通道的开挖支护；地铁隧道区间正线从2018年6月底开始开挖支护，2019年10月底完成二次衬砌，即在十六个月的时间实际完成双线近6 km的开挖支护和二次衬砌施工；其施工速度和施工质量深受业主和国内施工同行高度认可。本书主要总结归纳了本工程中暗挖区间隧道多工作面快速施工的组织管理实践经验，主要包括以下方面内容：

（1）明确工程项目管理目标，设立项目经理部，构建科学高效的项目管理体系。

（2）对观科区间土建工程进行工程系统分解，明确了渡线明挖斜井、区间风井、1号斜井、新增2号斜井、新增竖井、暗挖区间隧道、渡线明挖主体结构、横通道等主要分部分项工程的施工工艺和工作流程。

（3）在对观科暗挖区间隧道进行工作结构分解的基础上，估算区间正线工作量，明确隧道正线施工工序。在对常用施工组织方式进行对比的基础上，选择流水施工组织方式，设置开挖支护班、衬砌班、保障班；开挖支护班分为钻爆组、出渣组、支护组和风水组；衬砌班分为防水组、钢筋加工组、混凝土浇筑及拆立模组；保障班分为运输组、电工组、机修组，制定各班组人力资源配备计划。

(4)提出了应用于多工作面条件下的隧道施工优化排序方法。针对观科区间隧道多工作面施工进行各工序的优化排序，经过从工程实践来看，相比于顺序搭接作业，平行流水作业施工循环一次时间可节约施工时间，采用优化后的平行作业，观科区间隧道开挖过程中月单口最大进尺可提高到 65 m，最短循环时间达到 11.8 h，缩短了工期。

(5)分析了临时横通道开挖时机，并以 1 号斜井 DK＋610 临时横通道为研究对象，得出当二次衬砌施工进度预计到达 DK35＋634 时，即需要开始开挖 DK35＋610 临时横通道，可以防止二次衬砌作业发生窝工。

(6)在地铁区间隧道Ⅳ级围岩施工时，循环进尺为 1 m，开挖断面约 40 $m^2$ 的工程背景下，对一辆装载机装满一辆运输车所用时间进行数理统计分析，并通过 *K-S* 正态拟合优度检验，得出观科区间隧道出渣过程中，一辆装载机装满一辆自卸车的平均耗时为15.21 min。当作业时间超过 15.21 min 时，可能会出现窝工费时现象，需要进行及时调整。当作业时间小于 15.21 min 时，则认为装载机处于效率较高的运行状态，需要继续保持这个状态。可以根据公式来判断该工程装载机的工作状况，进一步加强管理，保证机械的高效运转。

(7)对利用横通道进行衬砌与出渣平行作业的出渣路线进行研究。提出无轨运输条件下地铁隧道出渣时间的优化计算方法，并以 1 号斜井出渣作业过程为例，对自卸车的配置进行了优化，提出当掌子面掘进到距斜井 500 m 后出渣时，配置 3 辆 14 $m^3$ 自卸车基本可以保证在 1.5～2.5 h 内，将洞内的爆破残渣运出斜井，保证下一步施工的顺利进行。

(8)隧道多工作面流水作业通风问题的解决方法为，在开挖完联络通道后，在联络通道处悬挂风筒，使得隧道爆破掘进工序与隧道二次衬砌工序可以同时进行，大大提高了施工效率。

(9)隧道施工为顺坡施工时，采用顺坡自然排水的排水方式，只在开挖面与仰拱区间设置高压潜水泵作为抽水设备。施工污水通过高压潜水泵抽至水沟内，然后顺坡流入洞口污水处理池中。隧道施工为反坡施工时，主要采用机械排水的排水方式，设多级泵站接力排水，工作面积水采用移动式潜水泵抽至近泵站或临时积水坑内，其余已施工完成地段，隧道渗水经隧道内汇水沟自然汇集到临时积水坑或泵站水池内。临时积水坑及泵站内积水由固定式排水泵站接力抽排至洞外污水处理池，处理达标后再排放。

(10)在对各主要分部分项工程进行工程量估算的基础上，制定观科区间总进度计划;确定暗挖区间隧道施工各工序的逻辑关系。针对不同类别围岩,提出开挖、出渣、衬砌等主要工序进度指标及持续时间估算方法。在建设过程中,提出进度计划的实时跟踪检查方法及进度控制方法,并给出针对性的工期保障措施。

(11)构建项目质量管理体系,明确质量控制重点,提出保重质量的主要技术措施。

(12)构建安全管理保障体系,提出施工现场安全技术措施。制定工程安全应急救援预案,明确安全生产事故的处理机制、职责和分工,针对坍塌、涌水、高处坠落、火灾、触电、食物中毒等易发安全事故提出明确的应急救援措施。

(13)构建现场文明施工管理体系、环境保护管理体系、职业健康管理体系,并提出对应的管理保障措施。

目前我国共有四十多个城市获批建设城市地铁交通系统,地铁建设投资大,建设周期长,风险源多,是一个复杂的系统工程。本书主要对青岛地铁8号线观科区间隧道多工作面快速施工过程中的组织管理方法进行总结,以期对我国地铁建设的同行起积极的借鉴作用。

# 参考文献


[1]闫冬.严寒地区长春地铁1号线出入段线区间施工管理研究[D].长春:吉林建筑大学,2017.

[2]李堃.青岛地铁13号线区间隧道施工风险管理研究[D].青岛:青岛理工大学,2017.

[3]张兆翔.地铁建设项目组织优化研究[D].大连:大连理工大学,2016.

[4]卢晟华.中铁一局S市地铁二号线项目进度管理研究[D].南昌:南昌大学,2017.

[5]李永生.隧道施工通风方式的选择[J].西部探矿工程,2004,16(6):86-89.

[6]铁路隧道设计规范:TB 10003—2016[S].北京:中国铁道出版社,2017.

[7]吴志华,林国辉,陈艳琼.特长公路隧道施工通风技术方案设计[J].湖南工程学院学报(自然科学版),2016,26(1):81-85.

[8]肖建军.浅谈隧道防排水[J].山西建筑,2003,29(2):51-52.

[9]左玉杰.反坡富水岩溶隧道抽排水系统的设置和应用[J].铁道建筑技术,2007(4):26-29.

[10]张兆杰,田志宇,田尚志,等.糖坊梁特长隧道施工反坡排水方案研究[J].公路隧道,2015(4):18-20.

[11]孙松,王海亮,彭志燕.竖井爆破控制技术[J].山东科技大学学报(自然科学版),2015,34(1):106-110.

[12]王海亮.工程爆破[M].北京:中国铁道出版社,2008.

[13]徐海宁.超大直径深竖井施工技术优化研究[D].上海:同济大学,2008.

[14]李智溢.公路隧道利用斜井快速施工组织研究[D].西安:长安大学,2009.

[15]吕柏东.幸福隧道工程项目施工管理研究与分析[D].成都:西南交通大学,2013.

[16]周石喜.深圳地铁5号线工程业主方项目管理实践与创新研究[D].成都:西南交通大学,2010.

[17]邓宇.城市地下工程施工安全风险评价研究[D].武汉:武汉理工大学,2018.

[18]胡晶.沈阳地铁四号线施工项目进度管理研究[D].长春:吉林大学,2018.

[19]潘世红.工程项目安全管理体系的构建[J].山西建筑,2012(20):280-281.

[20]朱磊.天津地铁五号线土建施工组织研究[D].天津:天津大学,2013.

[21]张兆翔.地铁建设项目组织优化研究[D].大连:大连理工大学,2016.

[22]王中勤.太行山隧道4号、5号、6号斜井调整施工组织方案研究[J].铁道标准设计,2007(4):17-20.

[23]刘江涛.陈翔路地道工程项目质量管理研究[D].长春:吉林大学,2015.

[24]乔禹.山西潞能铁路专线项目马江沟隧道施工质量管理研究[D].郑州:华北水利水电大学,2018.

[25]巨鹏炜. 西安地铁一号线某站的质量控制体系研究[D]. 西安:西安建筑科技大学,2016.
[26]王路杰. 浅埋暗挖地铁车站施工风险评价研究[D]. 青岛:山东科技大学,2017.
[27]张凯. 广州市轨道交通五号线东圃站质量控制研究[D]. 成都:西南交通大学,2010.
[28]霍玉华,王晓州,孟飞彪,等. 大断面黄土隧道快速掘进施工方法研究[J]. 铁道标准设计,2007(21):122-126.
[29]石立新. 雪峰山隧道白沙斜井一井多工作面快速施工组织[J]. 西部探矿工程,2011,23(6):185-187.
[30]何建洪. 隧道平行作业快速施工技术[J]. 四川建材,2013(1):150-151.
[31]吴波. 复杂条件下地铁隧道安全快速施工技术研究[J]. 西部探矿工程,2009(4):1-8.
[32]刘生秀. 大断面硬岩隧道快速掘进施工经验总结[J]. 铁道工程学报,2007(51):349-351.
[33]马红章. 高原特长隧道多工作面施工设备配备[J]. 四川建筑,2009(3):192-193.
[34]杨宏伟. 大连地铁S项目进度计划与控制研究[D]. 沈阳:东北大学,2012.
[35]郑巍. 地铁YF站施工项目进度管理问题研究[D]. 北京:北京工业大学,2018.
[36]田炳权. C市地铁05标项目施工进度管理研究[D]. 广州:华南理工大学,2014.
[37]许丽霞. 沈阳地铁施工管理系统开发项目的进度计划与控制研究[D]. 沈阳:东北大学,2012.
[38]蒲斌. 成都地铁X号线G标段装修工程成本与进度管理研究[D]. 成都:西南交通大学,2017.
[39]杨飞. W城市轨道交通4号线土建施工进度管理研究[D]. 广州:华南理工大学,2014.
[40]沙涛. 哈尔滨地铁2号线土建工程项目施工质量控制研究[D]. 哈尔滨:哈尔滨理工大学,2019.
[41]高岩. 大连市地铁工程项目管理研究[D]. 长春:吉林大学,2010.
[42]梁海俊. 混凝土坝施工进度和成本的挣值分析研究[D]. 大连:大连理工大学,2014.
[43]王雪. 长大铁路隧道多工区多工作面施工组织管理技术研究[D]. 成都:西南交通大学,2019.
[44]游庆仲,何平,吴寿昌,等. 苏通大桥工程管理实践与基本经验[M]. 北京:科学出版社,2009.